二战风云人物

端木佳睿 编著
DUANMUJIARUI

Benito Mussolini 法西斯狂徒
墨索里尼

1883~1945

中国书籍出版社
China Book Press

图书在版编目（CIP）数据

法西斯狂徒——墨索里尼/端木佳睿编著.—北京：中国书籍出版社，2016.9
ISBN 978-7-5068-5893-9

Ⅰ.①法… Ⅱ.①端… Ⅲ.①墨索里尼 (Mussolini, Benito 1883-1945) —生平事迹 Ⅳ.① K835.467=5

中国版本图书馆 CIP 数据核字（2016）第 247935 号

法西斯狂徒——墨索里尼

端木佳睿　编著

图书策划	牛　超　崔付建
责任编辑	张　文
责任印制	孙马飞　马　芝
出版发行	中国书籍出版社
地　　址	北京市丰台区三路居路 97 号（邮编：100073）
电　　话	（010）52257143（总编室）（010）52257140（发行部）
电子邮箱	eo@chinabp.com.cn
经　　销	全国新华书店
印　　刷	北京富达印务有限公司
开　　本	710 毫米 × 1000 毫米　1/16
字　　数	226 千字
印　　张	17
版　　次	2017 年 1 月第 1 版　2017 年 1 月第 1 次印刷
书　　号	ISBN 978-7-5068-5893-9
定　　价	29.80 元

版权所有　翻印必究

·前　言·

　　二战元凶、意大利独裁者墨索里尼，是个臭名昭著、恶贯满盈的法西斯头子，他和希特勒、东条英机等人挑起了人类历史上罪恶深重的第二次世界大战，将无数无辜的人引向战争的深渊，使许多国家的人民陷入水深火热之中。然而，关于墨索里尼这个人，了解者并不多。

　　墨索里尼出身贫寒，童年的生活环境造就了他孤僻、粗暴的性格特征，他在父辈的影响下，很早就接触到了许多社会政治思潮，但由于没有得到合适的引导，他的思想混乱而庞杂。成长的过程中，他的桀骜不驯使他遭遇了很多不顺，由此他对社会产生了强烈的怨愤。适逢一些契机，他用一支笔找到了发泄自己不满的出口，利用报纸，他笼络了一批人，也在"笔耕不辍"的过程里梳理了自己的思想，找到了一条诉诸暴力的从政之路。

　　依靠传媒、利用武力，再加上"对手"的孱弱，墨索里尼很快建立起了自己的党派——法西斯党，又利用党派的影响力，攫取了整个意大利的统治权。这一阶段的墨索里尼拥有大量的崇拜者，他的政治手腕也确实有值得佩服之处。他的两面三刀与阴险狡诈成为他将各个党派以及人民玩弄在股掌之间的有力武器。

　　在国内取得至高无上的地位之后，墨索里尼开始不满于此，急迫地想让自己的威名传遍世界。也正是在战争之中，他露出了自己无能的马脚，用实际行动，证明了他的漂亮话都是凭空而来，他所鼓吹的正是他所没有的。二战的战场上，意大利是最无能的"恶势力"，甚至有人说，意大利是同盟国最好的帮手。其中的意涵，不言自明。

当然，战场上的失败不能概括墨索里尼的全部。他一生最引以为傲的，不是他曾经握有怎样的大权，曾经打过哪一场胜仗，而是，他在意大利一手创立了法西斯主义，他为了让法西斯主义可以统治意大利，让这种思想传遍世界的每一个角落，影响到尽可能多的人，付出了极大的心力。

然而，法西斯主义作为一种极权主义，崇尚暴力，忽视个人的利益与基本权利，强调无条件地服从，是一种独裁统治下极端扭曲的思想体系。正是因为崇尚这样的思想，墨索里尼才会穷兵黩武，把一些生性平和的意大利人变成他驱使的战场上的恶魔。

总的来说，墨索里尼是一个聪明的、较有能力的政治家，但是他的一切智慧都被他用在最坏的独裁统治上，正因如此，他臭名昭著，即便人们对于他的所作所为不甚了解，提起他的名字，也就会自然反应出"大魔头"三个字。

本书就是从广大读者对他的主要印象展开，将他在读者心中面目模糊的丑恶画像重新勾勒出清晰的轮廓，从他的童年写起，巨细靡遗地讲述他的成长和经历，以及身边人对他的影响，带着读者看一看他在人生的每个重大时刻面对的到底是怎样的状况，又是如何进行选择的，同时，通过本书，读者也会知道，二战中的意大利军队到底为何成了"无能"的代名词。

让我们回到历史的现场，还原那些真实的历史场景，还原一个真实的墨索里尼。

·目 录·

第一章　青少时代：顽劣少年，蛮性成长

第一节　童年：反叛、暴劣，从小就是一个惹事精……………… 2
第二节　流亡欧洲，政治意识萌芽……………………………… 10

第二章　报社生涯：能言善辩，掌握舆论

第一节　从编辑做起，先练好了笔杆子………………………… 18
第二节　接管《前进报》，初掌舆论喉舌 ……………………… 24
第三节　经营《意大利人民报》，鼓吹、煽动战争 …………… 30
第四节　投笔从戎：谁有铁，谁就有面包……………………… 34

第三章　创法西斯：建党夺权，"向罗马进军"

第一节　广揽亡命之徒，组建反动法西斯党…………………… 44

第二节	用别有用心的宣传来蛊惑人心	48
第三节	暴力夺权，疯狂镇压反对者	53
第四节	进军罗马，成为意大利的新"领袖"	61

第四章　独裁专政：对内镇压，让一切权力都归法西斯

第一节	奉行极权主义，凡是反对都要镇压	74
第二节	马泰奥蒂危机——与反对派的角力	79
第三节	不得人心，遭遇几次刺杀	93
第四节	整顿清洗，让一切权力都归法西斯	97

第五章　殖民之路：对外侵略，帝国主义野心昭彰

第一节	帝国主义野心膨胀，侵略魔爪伸向非洲	104
第二节	扼杀革命：联手希特勒，扼杀西班牙革命	115
第三节	武装干涉西班牙革命的过程中，与希特勒臭味相投	123

第六章　二战之路：处处受挫，仓皇摇摆

| 第一节 | 同盟结成，法西斯国家狼狈为奸 | 130 |
| 第二节 | 临战怯阵，立场摇摆不定 | 139 |

第三节　乘人之危，向英、法宣战……………………… 144

第四节　与英国争夺非洲殖民地………………………… 155

第五节　入侵希腊，遭遇顽强抵抗……………………… 160

第六节　克里特岛战役：德国人给墨索里尼上了一课… 169

第七节　助德侵苏：妄图分一杯羹，却惨遭打击……… 177

第八节　兵败北非，法西斯魔头焦头烂额……………… 181

第九节　沙漠之狐反击得逞，墨索里尼狐假虎威……… 190

第十节　盟军二战大胜，轴心国大势已去……………… 198

第七章　魔王末日：暴尸街头，臭名昭著

第一节　举国愤怒，法西斯头子终于被赶下了台……… 220

第二节　被希特勒营救，却彻底成为一个傀儡………… 231

第三节　德军大败，墨索里尼走到了末日……………… 240

第四节　暴尸街头，"正义，终于伸张了"……………… 252

· 第一章 ·

青少时代：顽劣少年，蛮性成长

第一节
童年：反叛、暴劣，从小就是一个惹事精

没人知道童年的经历、性情会对一个人的一生产生怎样的影响。那些在回忆中一笔带过的岁月，那些不被人注意的蛛丝马迹，经常是多年后的旁观者，从故纸堆里挖掘出一二，以第三人的眼光，不带臧否地审阅，方可以注意到童年和成年后一些行为的惊人重合，进而摸索出一具全须全尾的人生骨架。

要看清一个人，是不可不看他的童年的。

而今我们阅读墨索里尼的人生，要想读透这个二战罪魁之一，亦不可不从他的童年说起。

墨索里尼出生在1883年。1883年，这是怎样的一年呢——这一年，上海爆发了金融危机，大半个中国被危机席卷；这一年，荷兰举行了世界博览会，花卉艺术成了一抹亮色；这一年，爱迪生设置了世界上第一座使用露天电线的照明灯；这一年，罗伯特·科赫发现了霍乱弧菌；这一年，有一些和平开始了，而有一些战争正在酝酿。这一年，卡尔·马克思逝世，一个"主义"的创立者逝去；这一年，墨索里尼出世，另一个"主

义"的创立者降生。

这一年的7月28日，意大利伊斯基亚发生大地震，有两千余人在这场地震里殒命。7月29日，墨索里尼出生了，未来，一场更大的地震，将会在意大利发生。

1883年7月29日，墨索里尼出生在意大利弗利省普雷达皮奥区，这里到处是荒秃的山岭和泥泞的道路，离铁路很远，是一个彻头彻尾的穷乡僻壤，就是想到最近的弗利镇去，也要跋涉个15公里的山路。墨索里尼的家在这个地区一个名为多维亚的小村庄，房屋建在一片高地之上，全部用旧石搭建而成，分上下两层，他们一家住在楼上，楼下则是他父亲亚历山大·墨索里尼的铁匠铺。

墨索里尼家族有着光辉的历史：1270年，墨索里尼家的先祖乔瓦尼·墨索里尼是波瓦伦城的领袖，这是一个民风好斗的城市，城市之中至今还有一条名为墨索里尼的大街。后来，随着在党派竞争中的败退，墨索

墨索里尼的出生地（现在是一间博物馆）

里尼的家族不断地衰落下来，到墨索里尼祖父这一代，已经成了一个十分普通的家庭，靠着自己辛劳的工作生活。墨索里尼的祖父在国家卫队做过副官，生活过得很艰难，生命也非常短暂。到了他的父亲亚历山大·墨索里尼，更是远离了一切旧日的荣光，守着一个小铁匠铺子过活。

墨索里尼的反骨在很大程度上源于他的父亲。老墨索里尼出身贫困，生活落魄。他把人生的不幸归咎于社会的压迫，于是心安理得地游手好闲、不好好工作，抽烟、酗酒、玩女人，无一不沾，干过革命，蹲过大牢，信奉鞭子教育，常常在家中对孩子施以体罚。

可就是这样一位父亲，却是墨索里尼最敬佩的人之一。在他的眼中，父亲仁慈、勇敢、无私又充满理想，他虽然贫穷，却十分乐于接济更贫困的朋友。因此，他的人缘不错，再加上他讲话慷慨激昂，极富煽动性，在他们那个偏僻的小地方，也算是小有名气。老墨索里尼崇尚自由，本能地信奉无政府主义，但作为意大利早期社会党的一员，他的思想并不纯粹。他阅读过《资本论》，但也接受马志尼和马基雅维利的政治主张。他常常将自己混乱的思想灌输给他的儿子，是墨索里尼成年后思想偏激又矛盾复杂的根源。

相对于激进、颓废、混乱的父亲，墨索里尼的母亲罗莎显得沉稳端庄。她是一名小学教师，也是一个虔诚的天主教徒。因为她，墨索里尼受过洗礼，小的时候一到礼拜日，母亲都会带墨索里尼去教堂听礼拜。而她当教师的那份微薄的收入，也是这个贫困家庭唯一稳定的生活来源。

老墨索里尼很瞧不上妻子的行为，他不信奉宗教，也不喜欢儿子被带到教堂去。不过，他仍然给墨索里尼取了一个很具深意的教名：本托尼·阿米卡莱·安达莱尼。这三个名字分别代表了老墨索里尼心中敬仰的三个英雄，这是三个颇具反叛精神的人物。就如一语成谶，以这样的教名被呼唤的墨索里尼，渐渐也长成了一个极端反叛之人。

家庭收入总是不高，老墨索里尼还挥霍无度，除了墨索里尼，这个家庭还有小儿子阿纳尔多和小女儿艾德维奇，这使得他们一家原本就拮据的生活更加清贫。

不过，对于自己的出身，墨索里尼本人是十分骄傲的，他曾经说，他人生的第一个资本就是出身劳动者家庭。客观地说，这样的家庭背景对孩子的成长来说虽有利，但更多的是弊，它或许促成了墨索里尼在政治上的早熟和提早觉醒，却也让他过早地失去了快乐的童年，他成年后的孤僻乖戾、刚愎自用、不近人情的根源，也大多源于他年少时缺少家庭的温暖。

在回忆起童年生活的时候，墨索里尼也常常觉得，那时的他没有什么孩童该有的无忧无虑，反而常常感觉压抑。他和弟弟住在一间以前是厨房的小房间里，房间的四壁被熏得漆黑，他经常无神地看着黑洞洞的房间，就像看着自己黑暗的人生。

但就像很多名人以贫民出身为傲一样，墨索里尼也喜欢在回忆里对自己的贫穷出身夸大其词。事实上，墨索里尼家有着不少的藏书，甚至请

幼年时期的墨索里尼（前排中间画圈者）

得起人料理家务，家中的孩子也都可以上学读书，在那个环境里，已经算是不错的状况了。

幼年时期，墨索里尼并没有显现出超出常人之处，相反，比起同龄的孩子，他开口说话很晚，晚到父母都以为他会变成哑巴。而当他好不容易开口说话之后，他的聪明又开始让身边的人头痛。他的狡黠和反叛让父母已经无法管束，万般无奈下，他被送到了法恩扎的一个宗教团体所办的寄宿学校。

这在当时叛逆的墨索里尼看来，不啻是一种严重的惩罚。

以一种被惩罚的心态进入学校，自然也不会有什么好的表现。墨索里尼在教会学校读书的时候，因为不喜欢那里，屡次拒绝在早餐后做弥撒，这样的行为自然就招致了惩罚。而比起做弥撒，教会学校更让墨索里尼不能接受的是伙食上的差异化，这所学校虽然是慈善机构，但在伙食上分上、中、下三等，不同等级，吃的东西完全不同。墨索里尼家里穷，只能吃下等饭，而且，三个等级的人各自吃饭，不能在一起。上帝面前人人平等，在这所教会学校却完全不适用。这让墨索里尼很早就感受到了宗教的虚伪与不平，也将对有产者的怨愤深深地刻在了胸中。在这种环境中，要想修炼出高尚的人格，的确不是说说那么简单的。

因为觉得自己受到了不公正待遇，墨索里尼选择了退学。或者说，由于他在不公正待遇中表现出的反叛行为，他被要求退学。

就像之前所说，墨索里尼从小就性格顽劣，喜欢以大欺小，谁要敢冒犯他，他就会粗暴地动起拳头。老师讲的那些课，他也不爱学，相比之下，他更喜欢在校园里欺负同学。

小的时候，墨索里尼喜欢养鸟。有一次，他偷了猎人的一只画眉，结果被人家追赶，在逃跑的过程中，尽管狼狈万分，但他始终不肯放弃这只鸟。他还喜欢偷瓜摸枣。有一次，他跑到一个果树园里，偷摘树上的樱桃吃，弄得满脸都是樱桃汁，因怕被人抓住，就赶快往家跑，路旁的人以为他受了伤,想看个究竟。他知道偷樱桃的事情如果被人发现,必定挨打,于是跑得更快。

在学校里,他是不良团伙的头子,常常胁迫同学参与自己的恶劣行径,如果被拒绝,就会用武力去报复。他不仅睚眦必报,而且经常主动地去惹是生非。

关于墨索里尼退学的另一个说法,说是因为对学校的行为积怨已久,在一次晚饭时间,他毫无预兆地用小刀刺伤了一名同学。学校自然容不下这样暴力的坏小子,勒令他退了学。后来,他转到另一所学校,但还是改不了顽劣粗暴的流氓本性,又用小刀刺伤了一名同学。可能当时的意大利对刀具管制得不够严格吧,反正他经常拿小刀刺伤同学。几次退学,对墨索里尼来说有很大的负面影响,但他从不反思自己,总认为是社会对他不公。

虽然墨索里尼多次退学,但他退学的因素主要是行为上的出格——他总在法度外做着不被社会规则允许的事情,自然无法被学校这样一个要求安定的机构接受。而在学习方面,墨索里尼其实还算是颇有一套。据他自己夸耀,他的成绩还是非常好的,也非常聪明,教师们都夸奖他是"栋梁之材"。不过,这应该是他的自吹自擂,因为据当时的一位校长的回忆,墨索里尼的成绩其实很一般,并不像他自己形容的那么好。

后来,在母亲的帮助下,墨索里尼最终被获准复学,在福利姆波波里完成了六年的学业。在这所学校,他崭露出了某些方面的天赋和才华:他是学校铜管乐队的长号手,在17岁时就应邀在当地剧院作过公开的演讲。在家的时候,墨索里尼总是喜欢练习演说的姿势。母亲问他干什么,他说了这样一句豪言壮语:"我要让这个世界因我而颤抖!"在这所学校的最后几年,墨索里尼开始认识到一份毕业证书的重要性,将精力投入到了学习中,于1901年顺利毕业。他对此感到非常高兴,因为他终于不再是小孩子,可以依靠自己成就一番功绩了。

虽然在学业上有了提升，但在私生活方面，墨索里尼却是愈发地不堪，经常夜不归宿，并对个人的风流韵事毫不掩盖，津津乐道。墨索里尼常常自比为唐璜，在他的心里，史上留名的伟人必要有一段风流韵事。他从17岁起，每周日都会去光顾弗利的妓院，平日逢场作戏的艳遇更是不胜枚举。墨索里尼后来表示，他一生中从未交过男性朋友。甚至，在他冷漠的性情之中，"朋友"都是一个稀奇的词儿。如果他的身边有男性，那在他看来多半是他伟大人格的追随者，若有女性，那就必然是女友和情妇了。

假如有人告诉一个在1901年认识墨索里尼的人，说墨索里尼会变成一个震荡欧洲的大魔头，他八成不会信。因为那时的墨索里尼比起政客，更像个无良的文人。他撰写诗文，企图让自己的诗文得以发表；他蓬头垢面，自以为隐士。尽管没有收入，他却绝不允许自己活得落魄，每年的夏天，他都会去海边度假，吃喝享受。

1902年，18岁的墨索里尼在瓜尔铁里村小学当上了代课老师，这是他走入社会后的第一份工作。这个村子当时是社会党人掌权，所以，墨索里尼的一些激进言论被姑息纵容。然而，墨索里尼在个人行为方面却让人生厌，他不仅酗酒嗜赌，还和一个丈夫在外当兵的女人关系暧昧，还经常为这个女人争风吃醋。一些孩子的家长对此甚为不安。墨索里尼在回忆这件事情时是这样描述的："我让她只习惯于和我在一起，不容别人染指。她对我言听计从，百依百顺。"

为了恐吓那些敢于批评和反对他的人，墨索里尼手上经常戴着金属指套，有一次甚至向女友动了刀子。崇尚暴力可以说是他的本性，也是他谋求个人不当利益的手段。

因为招致众怒，1902年6月，任代课老师期一满，墨索里尼便仓皇地逃往了瑞士。

这一时期的墨索里尼在政治上虽有认知，但还十分幼稚。就像他的父亲一样，他总是习惯性地在各种政治立场间摇摆不定，对他来说似乎没有"政治信仰"这种东西，即便有，这种"信仰力"也十分脆弱，常常凭借本能就发生了改变。虽然他总是把革命挂在嘴边，但是到底要进行怎样的革命，他心里其实根本没有任何想法。

第一章 青少时代：顽劣少年，蛮性成长

第二节
流亡欧洲，政治意识萌芽

1902年某一天，墨索里尼卷起行李，离开了任职的那家乡村学校，准备前往瑞士。之所以去瑞士，据他自己回忆说，是因为缺钱，这倒也不是谎话，他当时的确曾向三四个人借过钱。不过，去瑞士，按他当时的情况也不可能赚多少钱。所以，有人分析，他去瑞士是为了离开父母、逃避兵役、忘却令人厌恶的乡村爱情纠葛，以及躲避、赖掉因赌博欠下的债务和欠下的房租。

总而言之，墨索里尼不想再窝在这个小地方了，他想抛离这纷乱、污秽、贫弱的地方，到一片崭新的天地见见大世面。

在等车准备去瑞士时，墨索里尼在车站买了一份《米兰报》阅读，结果发现他父亲被捕的消息。原来，意大利社会党当时发动了暴动，老墨索里尼是其中的一个领袖。得知父亲被捕的消息后，墨索里尼进退维谷，可最后，他还是决定继续前行，因为他认为自己即使回去也帮不上什么忙。

事实上，瑞士并不如墨索里尼所想象的是一个"开阔天地，大有作为"的地方。等待着这个即将19岁的青年人的，是他一生之中最为凄惶的两年。

当时，墨索里尼身上只有两个里拉，他的狼狈之状从他那时写的信中可以清楚看到："我是坐火车去卢特恩的，当时车上有很多意大利人，都是准备去国外流亡的。我向窗外望去，银色的月光洒在布满积雪的山上和浮着残冰的湖面上，景色十分迷人。车厢里人们都在睡觉，只有我一个人还在胡思乱想。到了瑞士境内，一阵冷风吹来，不禁使我想到家乡。思乡之情，难以抑制。

"从卢特恩换车到伊冯东下车投宿。第二天，我找到一个工作，在一个砖匠家里帮工，每天工作11个小时，每小时工资3.2角。搬了一天的砖，到了晚上两个膀子都肿痛起来。第二天，那个胖得和猪一样的东家，他指着我大骂，说我一个穷小子，穿这么好的衣服干吗，气得我说不上话来。过了一个星期，我就被辞退了。他给了我20个法郎，又骂了我一通。我拿着这笔钱买了一双新鞋子，第二天就到洛桑去了。"

到洛桑后，墨索里尼没有找到工作，身上的钱也用光了。一个寒冷的晚上，饥寒交迫的他在孤寂的街头来回踱步。突然，他发现一个明亮的地方，走过去一看，原来是一家饭店厨房的灯光，里面的男女老少正在聚餐，他便径直走了进去，主人向他投以惊异的目光。他露出可怜的样子乞求道："可以给我一块面包吗？"没有人回答。停了一会儿，一个人取了一块面包给他。他说了一声"谢谢"，也没有人作声。他又说了一声"晚安"，便悄悄地走了出来，他心中很是难受，除了悲苦，还有无限的羞愧，他觉得自己简直快要活不下去了。

总之，开始的时候，墨索里尼在瑞士的生活是十分艰难的。为了生存，他做过各种在他看来低三下四的工作，包括泥瓦匠、脚夫、缝工、帮厨等。另外，因为懂法语，所以有时他也从事翻译工作。总之，能找着什么事就做什么事。

墨索里尼回忆说："那时的我经常挨冻受饿，可我既不借债，也不乞讨，而是靠自己的劳动维持最低标准的生活。因为受父亲的影响，我开始集中精力研究社会学。"

不过，他虽然的确一开始就陷入非常困苦的境地，但后期的生活，并不像他自己描述的那么落魄。根据一些资料显示，他那段时间穿着颇为讲究，也并没有明显的饥饿导致的病容。

在到达瑞士一个月后，出于对政治宣传和文字工作的强烈兴趣，他曾经为某社会党报撰稿，之后还担任了建筑工人工会的秘书。因为有着演讲的才能，在文盲很多的意大利移民中，墨索里尼依靠具有煽动性的演讲吸引了不少人，他曾经说，要发迹就要造反，不然就要骑在别人头上成为统治者。这一时期，他的勃勃野心已经蠢蠢欲动。

工作之余，墨索里尼经常到洛桑大学旁听政治经济学和哲学课，借以提高自己分析和判断事物的能力。1903年的时候，墨索里尼开始自称"权力至上的共产主义者"，对于一切改良社会主义、民主的、议会的温和派方式都表示了反感。他极力鼓吹革命，要求用暴力推翻统治阶级，取消议会，开展阶级斗争，废除私产，采用恐怖主义与群众暴力的极端方式实现社会变革。

从这一时期的文章来看，当时的墨索里尼受到了马克思的很大影响，但是后来不论是法西斯党，还是共产党都矢口否认他曾为马克思主义者。墨索里尼还经常参加当地的群众集会，有时也在公众场合发表演说。有一次说话不小心，得罪了瑞士当局，结果被遣送回意大利，交由意大利警察处置。意大利警方最终依然释放了他，不过，却为这个经常冲动的反叛青年立了档，以便他日后犯事时再盘查。

1904年1月，为了逃避服兵役，墨索里尼再次逃往了瑞士，并将自己的护照年限进行了非法的修改。根据他后来对于这件事的回忆，他为当年的自己解释，对于服役的逃避并非是出于胆小和懒惰，只是，在他当时的思想里，他并不愿意为了他所不相信的爱国主义事业去战斗，并且去付出自己大量的时间。但这个说法显然欠缺说服力，因此，法西斯的许多文献里，最终都刻意删去了他的这一经历。

1904年初，辗转之中，墨索里尼也曾经到过法国、德国、奥地利。这一段时间，是他生命中难得的流浪时光。但他后来并没有对那段岁月表示怀念，反而，他觉得丢脸甚至痛恨，在他落魄的时间里帮助过他的许多社会党的朋友，后来反而都遭到了他的迫害。

那时的墨索里尼，行为粗野，言语反动，在1904年，他已经成为一个公敌，不论是他的故乡意大利，还是他所待的瑞士都想要驱赶他，不欢迎他。这一方面让他非常困苦，另一方面更加深了刻在他心底的仇恨。

1905年，当时意大利的国王维克多·伊曼纽尔三世宣布大赦。所有身在外国的政治避难者与兵役逃脱者都被允许回国，而回国的条件，则是听从军队召唤，入伍服役。

因为在瑞士混得不好，加之思乡情切，墨索里尼顺从了这一次机会，

担任小学教师时的墨索里尼

选择回家服役。在家人团聚的一刻，逃亡多年的墨索里尼不禁与母亲抱头痛哭。母亲罗莎在这些年身体每况愈下，显得瘦弱而疲劳，墨索里尼心中愧疚万分，希望未来可以让母亲生活得好一些。

回家待了几周之后，1905年1月，墨索里尼正式入伍，他服役的兵团是当时意大利的精锐之一。在军队之中，墨索里尼由于复杂的社会经历和革命者的身份得到了军官们额外的关注（当然是负面的），一向狡黠的墨索里尼表面上循规蹈矩，甚至表现优秀，而背地里自然没少撺掇士兵们背叛。那时的他已深知，梦想中的革命出现前，必须让平民大众接受他的观念，而这条路很长，需要非常耐心的等待。

当年2月，噩耗传来，墨索里尼的母亲，这个循规蹈矩、辛苦一生的女人病逝了。这件事深深打击了墨索里尼。从他之前的种种作为来看，他是一个彻头彻尾的不孝子，可从心底来说，他又是深爱着他的母亲，真心想给母亲未来一个美好的生活。这种痛苦与矛盾反映在他后来关于母亲病逝的表述中，在几次不同的叙述里，他与母亲最后的交集显得不那么明确，一会儿说他及时赶回了家中，见到母亲最后一面；一会儿又说他因为悲痛留在屋外，没有与母亲相见。但不论如何，母子连心，可以肯定的是，母亲的去世，的确给这个冷酷无情的人带来了很大的悲痛。

本来，墨索里尼想以母亲病逝为理由，提前退役，但这个要求却被驳回。无奈之下，他继续服役。1906年9月，服役期满后，他没有回到父亲身边，而是选择在奥地利的一个小山村做小学教师，并又找了一个当地的女人厮混在一起。

墨索里尼的教师生涯短暂而失败。因为他之前的经历，他的举动被警察监察，而他依旧肆无忌惮，捉弄神父、言语粗俗、勾搭有夫之妇。同时，在教育小孩儿这件事上，他也缺乏天赋，小孩子们并不服从于他，他也没有什么好的方法可以让他被孩子们接受。就这样，一个学年混了过去。该学校没有选择续聘墨索里尼，因为他的行为举止已经让家长们产生担忧，害怕他教坏孩子。

　　失去了工作的墨索里尼回到了父亲身边。此时的他被之前的恶劣行径所造成的恶果不断困扰，他希望警方注销自己案卷的请求也被多次拒绝。无奈之下，他终于选择暂时放弃政治，将精力集中在学习上，努力提高自己，为将来做准备。

第一章　青少时代：顽劣少年，蛮性成长

第二章

报社生涯：能言善辩，掌握舆论

第一节
从编辑做起，先练好了笔杆子

1908年3月，墨索里尼回到意大利老家，住在他父亲所开的铁匠铺里。此后很长一段时间，他远离政治，集中时间阅读和学习。几年之后，通过自身的学习，对各种思想言论的理解不断加深，加之父亲的引导，年轻的墨索里尼已经是一个成熟的社会党党员了。此时，他对政治曾经湮灭的兴趣又重燃了。而且这一次他认识到，要"革命"，就必须大造舆论，要想成就一番事业，就必须动员群众，没有群众的支持，将一事无成。因此，他决心进入报社工作，为将来在政治上的图谋进行舆论准备。

于是，在成为一把冲着人民开火的枪之前，墨索里尼先成了一个握笔杆子的人。叛逆与好斗的性格让他手中的笔不再是"文字"的象征，而是以满腔愤懑为引，辛辣文辞为炮，在一篇篇铅字里，发泄他不得志的郁郁，鞭挞对社会不公的愤愤。

这一时期，墨索里尼写了大量的文章，向各大报社投稿，并编辑了一份社会主义期刊《锉刀》，这对未来的法西斯投资而言，无疑是一段"黑历史"，所以在当上法西斯独裁者以后，墨索里尼为了掩饰他曾有过的左倾思想和反教权主义立场，派人将当地图书馆收藏的《锉刀》合订本全给销毁了。

也就是从这个时候开始，墨索里尼就为自己确立了攫取更大权力的政治目标。他觉得他的政治天赋正在觉醒。

1908年7月，墨索里尼得到一次进行政治鼓动的实际锻炼，当地农村的农民举行罢工，反对地主和佃农，他积极投身其中，支持雇工开展合作化运动，宣扬废除带有封建色彩的对分租佃制，被地主和农场主视为眼中钉。

因为煽动暴力，墨索里尼很快被捕，由一队骑兵押送到镇上。他先被判刑坐牢，后经上诉获释。但这对他来说，反而是好事，很多人一下子知道了有这么一个替农民争取利益的人，正像他自己所说："我突然间出了名。"

在这一时期，除了在政治上的热情复燃，墨索里尼的感情生活也被点燃了一把火焰。在墨索里尼回到弗利，与父亲同住时，认识了雷切尔——他的父亲收留的寡妇谷迪太太三个女儿中的一个。这个女孩当时只有16岁，虽然是个女佣，但却长得非常美丽，而且举止落落大方，深深吸引了墨索里尼。生性风流的墨索里尼很快与雷切尔坠入爱河。

老墨索里尼当然是极力反对这门荒谬的婚事的，但固执叛逆的墨索里尼又怎会因父亲的反对而扭转想法呢。在父亲的反对声和雷切尔母亲的哭泣声中，他拉着雷切尔，手持一把左轮手枪，以死相逼，表示，如果他们不能同意他的婚事，那他和雷切尔今天就死在这里。

无奈之下，这门婚事被允许了。

墨索里尼一生的感情世界混乱而荒唐，他的妻子因为他的缘故，一生都没能获得过什么真正的幸福，颠沛之中，还要不断地受到他的许多情妇的情感刺激。

不过，话又说回来，在这桩婚事被允许的那一刻，这两个相爱的年轻人在那一刹那却是紧紧地连在一起的。

不过,野史上的另一个说法就没这么浪漫了。有人说,雷切尔的母亲是父亲的情妇,暗示墨索里尼与雷切尔是同父异母的兄妹,而且雷切尔曾经是墨索里尼的学生,如此,两人之间的感情自然是完全颠倒伦理的。

在与雷切尔订婚之后,1909年初,墨索里尼移居奥地利特兰提诺省,当上了劳工部秘书,并兼任一家社会党周刊《劳动者的未来》的编辑,开始进一步扩大他在舆论界的影响力。直到1910年才回来,与雷切尔同居。而雷切尔不知道的是,就在他短暂的离家期间,他就与别的女人搅在了一起,甚至还生了孩子。

虽然墨索里尼是个不体贴、不温和,甚至十分粗暴的人,但这个时期,他对他的妻子还算不错。有趣的是,虽然墨索里尼自己不断拈花惹草,但是只要妻子一出门,一离开他的视线,他就开始不断地猜忌,担心雷切尔有外遇。

1910年初,在弗利的社会主义者联盟的推选下,墨索里尼成了联盟的书记。这份职务听起来颇为体面,实际上薪资极其微薄。微薄到党派的同志们都感到有些不好意思,想要给他加薪,但却被他义正词严地拒绝了。由此,他的高尚品格在社会党内被广泛传诵。当然,妻子雷切尔对此却是满腔怨言,毕竟,他们的生活已经拮据到连饭都吃不饱的地步了,以至于他们的第一个女儿艾达降生时,夫妻二人都没有钱给孩子买一只摇篮。

尽管生活条件艰苦,但墨索里尼依然保持着理想主义者的远大和机会主义者的敏锐,为了能够制造大量的舆论,墨索里尼又办了一份名为《阶级斗争报》的报纸。这份报后来成了当地社会党的机关报,墨索里尼对报纸工作非常认真。他说:"报纸不是拿文字堆积起来的。报纸是党的灵魂,党的标记。""现在的社会党,实在是不成气候,没有什么好的理想。""现在的社会主义,变成做官的捷径,为政客奸人所利用,不能谋物质上精神上的进步了。社会主义，注重人类的合作，非努力工作、洗涤个人的身心是不能实现的。"看看，说得是何等冠冕堂皇！如果不是后来走向法西斯独裁道路，谁敢说他不是一个充满革命理想的先进人士呢？

《阶级斗争报》是当时意大利上百种社会主义周刊之一。发行量刚开始仅一千份，但两年后增加了一倍。在办刊过程中，墨索里尼那好斗的言辞、激烈的文风得到进一步发展。和《锉刀》的结局类似，墨索里尼执政后，《阶级斗争报》的合订本在当地图书馆里也不翼而飞了。

墨索里尼利用手中的笔，到处树敌，既攻击共和党，又攻击社会党的"保守派"，并且按自己的理解随心所欲地解释什么是社会主义。结果招来了无数的抨击，不过，这在一定程度上反而让墨索里尼的名气更大了。

在政治观点上，当时墨索里尼口头上虽然经常说拥护社会主义，但他所谓的社会主义是打着很严重的折扣的，而且并没有什么明晰的理论指导。他有时自称已是一个工团主义者，私下里却又偷偷说其他社会党党员的坏话。在对他较为了解的人看来，当时的他似乎更倾向于是一个无政府主义者。事实上，墨索里尼的观点并非来源于某种信仰，其主要反映了他早期生活过的那个环境和他那以自我为中心的叛逆性格，他仇恨压迫是因为他个人不得志或受到侮辱，是出自一种表现自我和个人复仇的强烈欲望，和革命者并非出于个人原因反对人压迫人的制度完全不一样。

是的，崇尚暴力，无视纪律，才是墨索里尼一生不变的信条。他根本不相信法律，并劝说其他社会党人不要求助于资产阶级社会的法庭，而要靠自己的力量以眼还眼，以牙还牙。无产阶级和资产阶级不共戴天，"二者不能并存"，解决问题的唯一办法就是发动一场革命，实现无产阶级专政。他认为，流血的社会革命是必要的；资产阶级正是通过暴力于一百多年前取得政权的，无产阶级应该效仿他们的做法，以其人之道还治其人之身。正如蛮族的入侵曾给罗马帝国带来生气一样，今天的社会党人也应公开声明自己为"蛮族",因为一场野蛮的世界战争也许能摧毁现有的欧洲秩序,建立起一个更加朝气蓬勃的新社会。

1910年10月,墨索里尼到米兰参加意大利社会党年会。在当时的意大利,社会党还是个小党,到底属于左派还是右派,都还没有定位清楚。这是墨索里尼第一次在意大利社会党全国性会议上露面。这个穿着邋遢、稍有秃顶、来自外省的年轻人,在那些主持党务的中产阶级知识分子中间显得非常土,动作也很笨拙。不过,凭借着一副好口才,墨索里尼发表的关于反对将普遍选举和社会改良作为推进社会主义事业的最佳办法的演讲,却获得好评,引起哄堂大笑。

在这次大会上,社会党内革命派的意见在投票表决时遭到否决。墨索里尼于是就劝这一小批人退党,说此时的意大利需要的不是改良,而是武装革命。

不仅是对别人这么说,墨索里尼自己也是这么干的,1911年4月,墨索里尼在冷静考虑后,退出了社会党。

1911年9月,时任意大利首相的焦利蒂决定出兵利比亚,墨索里尼和社会党中的温和派及革命派一起抨击这场与土耳其为敌的战争,指出焦利蒂发动战争的目的是为了转移人们对国内问题的注意。他揭露说,国家当权者关于殖民主义有利于经济发展的观点纯属谎言。他们以为可以轻易取胜的战争将是一场持久的、代价昂贵的冒险行动。

在墨索里尼的鼓动下,他的家乡的很多铁轨被拆毁以阻止军队调运,许多商店都用木板将门窗钉死,工厂全部停工。不过,当局很快通过雷霆手段把这场运动镇压了下去。

这次事件后,墨索里尼遭到逮捕。在审讯时,他极力洗刷自己,将责任推给别人。可是法庭仍然判定他有罪,判刑五个月。

刑满出狱后,墨索里尼发觉自己成了知名人士。不过此时,他已踌躇满志,只是做一个名人已经不能满足他的野心了。

当时墨索里尼常常对人说，坐牢也是受教育，仿佛要为他的牢狱生涯冠上一个更好听的名声。事实上，为了自己所谓的信仰坐牢，确实也是让墨索里尼感到自豪的一件事。而且，在狱中，百无聊赖的墨索里尼读了大量的书籍，甚至还妄自尊大地写了一部自传——要知道，这时他只有28岁，一个刚过了人生三分之一的小伙子，竟然开始为人生立传了！

当然，此时的墨索里尼也没有忘记自己的使命，他撰写并出版了一部论战小册《约翰·赫斯——讲真话的人》。在这本书里，他贯彻一直以来的信念，攻击教会，呼吁宗教自由。其中的理念，与他后来的法西斯主义精神有着天壤之别。

我们不可否认时间对一个人的改变。除了形貌的变迁，人内心的厚度与深度也会变化。时间会磨砺人，也会磨损人。我们永远不能用二元论论断一个人的"好"与"坏"，抑或着"变好"或"变坏"，但可以肯定的是，时间之内，生活之外，一个人的精神境界是会变化的。毕竟我们无法用一个人的童言稚语去要求他的一生。后来的墨索里尼是一个狂热的帝国主义分子，他的手上沾染着无数无辜百姓的鲜血。20世纪20年代，利比亚人民遭到残酷的屠杀，在惨无人道的暴行中，墨索里尼就是其中一个刽子手。可是时间向前推进，此时的他，却是意大利入侵利比亚的坚定反对者。他大声疾呼，认为这场战争是可耻的，是违背人性的，如果当局这么做，不啻为国际强盗。谁能想到，说过这些话的人会塑造出法西斯主义这样罪恶的果实，并把腥风血雨泼洒向整个欧洲大陆呢？

第二节
接管《前进报》，初掌舆论喉舌

1912年，在意大利社会党的一次全国代表大会上，墨索里尼口若悬河，出尽风头，赢得了一批拥趸者。在之后社会党报纸《前进报》主编空缺时，墨索里尼顺理成章地被社会党执行委员会任命为主编。这一任命使墨索里尼作为社会党领导人之一的地位得到确立。

在墨索里尼接管《前进报》之前，这份报纸的发行量很一般，报社工作人员的薪水也都很低，因此有不少编辑记者都想离开。

虽然《前进报》的经营面临困境，但野心勃勃的墨索里尼却觉得如虎添翼，因为这样的困境正适合他发挥自己的能力。于是，他开始竭尽全力、想方设法地办好这份报纸。在他的领导下，《前进报》很快就发生了变化，发行量从1万份猛增到10万份。墨索里尼不仅解决了报社的财政危机，而且扩大了社会党在工人群众中的影响。随着《前进报》影响越来越大，社会党党员人数也由5万人发展到15万人。这一切都被认为是墨索里尼的功劳，他的名声更加大了。

墨索里尼的办报方针与社会党改良主义的妥协政策针锋相对，强调毫不让步地实现真正社会主义的最高纲领。在这样的思想前提下，报纸成了墨索里尼向广大下层国民宣传自己思想理念的最好工具。

值得一说的是，在负责《前进报》的同时，墨索里尼还自己办了份半月刊，取名《乌托邦》。他认为托马斯·莫尔爵士是第一批社会主义者之一，为了表示对他的敬意，特意用莫尔著作《乌托邦》作刊名。《乌托邦》以文化水平较高的读者为对象，但收效平平，因为墨索里尼的长处在于宣传鼓动和谴责斥骂，而不在理论阐述和说理批评方面，这使得这份报纸的内容水准非常一般，发行量也极为惨淡。

另一方面，此时的墨索里尼虽然常凭口才和文章取胜，但崇尚武力的他并没有改变暴戾的性格。如果他觉得某人非用武力对付不可，他就会不顾生死，去施展他的拳头。有一天，他在米兰办《前进报》时，听说瑞士日内瓦某咖啡店店主毁坏他的名誉，便冒着被警方逮捕的危险，带了一个朋友秘密前去，跑到那个咖啡店，将店主痛打了一番。瑞士的警察局知道墨索里尼又回来了，便派警察去抓他。不过，墨索里尼跑得很快，已经逃出日内瓦，并在哈马特为意大利侨民演讲了一小时，然后才心满意足地返回了米兰。

在事业丰收的同时，墨索里尼在情场上也是春风得意。这一段时期，他与好几个女人保持紧密的关系：

一个是他在思想上的领路人安琪列卡·巴拉巴诺夫，这个学识极高的女子被他聘为《前进报》的副主编，时常被人传为是他的情妇。但事实上并无此事，墨索里尼心知肚明却并不反驳——能与这样一个优秀又强势的女子传出一段风流事，对他来说堪称是一种荣耀。

第二个是伊达·戴尔赛。在与雷切尔婚后的那段时间里，他和这个女人也曾断断续续生活了几年，并孕育了一个孩子。这个女人声称，墨索里尼曾经答应与她结婚，甚至在生活困窘的日子里，一直依靠她的钱在生活。但是对于墨索里尼这样在感情里放荡不羁的人而言，誓言与承诺都是某个时间点上的骗局,并没有什么效力。1915年,这对母子被墨索里尼坚决地抛弃,生活无着,处境十分悲惨。后来,为了自己的名声,墨索里尼冷酷地将伊达关入疯人院,这个可怜的女人于1937年惨然结束了自己的一生。

第三个与墨索里尼发生过一段纠缠的女子叫作马格丽达·萨法蒂。这是个富家女子,米兰人,平时为《前进报》撰写艺术批评。这个女人一直跟随着墨索里尼,包括在他从社会主义转向法西斯主义后,她还为他写了传记,并在他主办的杂志《领导层》中担任编辑。她与墨索里尼维持了一段比较长的感情,一直到三十年代,他们之间仍有联系。在墨索里尼迷恋上另一个年轻美貌的女子之前,她是雷切尔唯一可以称作情敌的人。与之前所有的女性"友人"一样,萨法蒂也是一个不太美貌的女子。让墨索里尼身边的人一直感到奇怪的是,除了他的最后一个情妇克拉拉·贝塔西,墨索里尼交往过的女人都不是太美,有些甚至可以说是难看的。人们时常认为,这是他难以被人理解的一种情趣。

在1913年到1914年间被墨索里尼追求过的女子中,丽达·拉法纳利比起前面三个女人显得更加有趣且富有原则。她是一名信仰伊斯兰教的无政府主义者,有过良好的教育经历。在墨索里尼起初追求她的时候,她对墨索里尼也颇具好感,这种好感并不出于男女肉体间的彼此触动,而是她被墨索里尼古怪的性格吸引。但这点儿好感在她了解到墨索里尼的家庭背景后消失殆尽。

墨索里尼的情妇克拉拉·贝塔西

墨索里尼向她表示，他的妻子早已习惯于她的不断外遇，因为他的身份需要一个有才华的女人作为他的合法情妇。丽达对他的话表现出了极度的不齿，觉得墨索里尼的这种想法简直不庄重到极致，如同神经病一般。

1914年，在墨索里尼脱离社会党之后，他和丽达的关系也就彻底切断。这段关系的结束让他的大男子主义难以承受，在权力在握之后，他还派人对丽达进行折磨，并收回了他给她写过的信件。

不得不说的是，丽达对于墨索里尼的了解，远超许多与墨索里尼更亲密，或者是所谓研究墨索里尼的人。她评价墨索里尼，为了做出无产阶级领袖的做派，他在公众面前装模作样地假装简朴，但是私生活里又穿得怪异而时髦过头。他对于世事的看法都十分肤浅，对于政治外的一切都知之甚少。

总而言之，这一阶段，由于在事业上的发展，墨索里尼的感情世界也丰富起来。但从墨索里尼一贯对感情的随性态度就可以看出，对他而言，爱情生活从来都是辅助的，是为了愉悦自己的肉体，他所最重视的，一直都是他在政治上的发展。

利用1912年至1914年在《前进报》工作的机会，墨索里尼卖力地鼓动意大利国民做好准备，迎接社会解放的伟大时刻。多年后谈起那几年的经历，墨索里尼时常声称，自己早就已经成为一名国家主义者——他这段声明完全无视了他当时还曾指责过19世纪80年代的国家主义者。

事实上，那时的他并不支持各种战争。对于议会投票赞成军费预算，他常常表达自己的愤怒。他认为，国家民生上需要钱的地方很多，此刻应当关注的不是枪支弹药，而是百姓的生活。他曾直言，若欧洲爆发战争，民众应该掀起一场反政府的内战。

当然，即使墨索里尼曾经对于议会大加反对和批评，仍然不妨碍他成功参选，并成为米兰地方议会的议员。随着他的地位不断上升，他的听众也越来越多。他在演讲中分享乌托邦思想，宣传民主与社会主义的矛盾

法西斯狂徒 墨索里尼

性，表达对私人财产的不满，他不止一次地表现出对于群众能力的轻视，曾经多次公开表示，不需要群众知道他在说什么。

从1912年到1914年，经过两年的革命宣传，在意大利，一场真正的革命几乎发生了。1914年6月的"流血周"里，一百多万人走上街头抗议。这样的形势，让墨索里尼暗暗心喜，他想，只要有一百人被警察所杀，一场真正的革命可能就会降临了。但很快他就发现，因为组织水平的低下，抗议很快就被镇压了，全国性的革命未能发生。

国内的革命未能发生，但国际形势却给了墨索里尼机会，就在"流血周"的几日后，斐迪南大公在萨拉热窝遇难，随即，第一次世界大战爆发了。

一战爆发后，意大利社会党领导人主张意大利应保持中立。善于见风使舵的墨索里尼起初也是主张中立立场，他在《前进报》上发表评论说："意大利最大的责任，在于缩小战事的范围。所以要绝对中立，不做德奥的走狗。"不过，1914年11月，在看到协约国的势力不断扩大，形势对德、奥不利后，他又力主意大利介入战争，并利用他控制的舆论工具大肆宣扬自己的主张。为此，在没有同其他社会党领导人商量的情况下，他还写了一篇题为《从绝对中立到积极中立》的文章，主张意大利应加强备战，他在文章中说道："不是一切战争皆应反对，战争也有有益于革命的。"主张意大利加入协约国对德作战，他说："德国是所有叛逆、耻辱、奸诈的来源。"

文章发表后，意大利社会党领导机构谴责了墨索里尼独断专行的恶劣做法，并给予警告处分。

之后，意大利社会党在米兰开会，会开到半夜3点多钟。墨索里尼狂妄地站在台上说道："从今以后，我与畏首畏尾不敢说话的人、不主张参战的人势不两立。"他的话未说之前，台下的社会党人都已摩拳擦掌，现在听了这番话，更是怒不可遏，拼命大喊："打死他！打死他！"墨索里尼望着敌视的人群，怒不可遏，随即将桌上的水瓶摔碎，以示决裂。

没过几天，社会党领导层就宣布开除墨索里尼的党籍，并免去其《前进报》社社长职务。

以此为标志，墨索里尼真正地同社会党分道扬镳，走向了创建法西斯党的道路。

墨索里尼离开社会党时，囊中只剩下五个里拉了。但是，他的政治主张得到了主战派工商富豪和政府的支持。1914年11月15日，在一些主战的垄断资本家的支持下，由墨索里尼创办的《意大利人民报》问世了，自此，墨索里尼真正地踏上了法西斯之路。

第三节
经营《意大利人民报》，鼓吹、煽动战争

分歧往往是一个人的全新起点。背叛者以分歧为抛弃过往的借口，对过去的选择进行严苛的审判，借此把"过去"归结为"错误"。至于未来是否就是"正确"，又是否会成为另一个未来里的"错误"，与其让它成为前进路上的阻碍，不如先放在一边，走下去再说。

墨索里尼就是在与社会党产生分歧后走上一条新路的。

在提出参战的主张时，墨索里尼一度期待社会党的领导者可以支持他的做法，如此，不但可以让整个意大利依照他的期待参与国际问题，也会彰显他对社会党无可置疑的控制力。

然而，因为失去了党报主编的地位，加上他之前对于革命的消极反应，社会党内的很多人对他的信任度降低，怀疑不断出现，从他的思想纯粹性，到他的政治能力，再到品评他的反叛行为，这些议论逐渐汇聚成怒火，无形的怀疑很快变成了有声的指责。

在指责声中，《意大利人民报》出现了，并很快与《前进报》分庭抗礼，形成竞争。以这样飞快的速度创办出一份报纸，墨索里尼的政治图谋

可谓司马昭之心，自然备受社会党人鄙夷。

为了能够让《意大利人民报》实力更强，获得足够和《前进报》竞争的力量，墨索里尼接受了交战国英法美俄的资金支持，人们指责他为了钱抛弃立场，认为他就是为了得到这些钱才会放弃意大利的中立。对此，墨索里尼十分愤怒，但又无法分辩，只有在后来追溯这段历史的时候矢口否认曾经接受过国外的资金。

《意大利人民报》的报头标明为"社会主义日报"，打着社会主义的旗号进行战争宣传。但是，他的经费大多来自于工业富豪们，这些富豪想发战争财，所以捐钱给报纸。不过，虽然拿了这些人的钱，墨索里尼对于资产阶级的敌对态度却依然没有变化。墨索里尼这个人，对于钱并不执着。虽然他在需要钱的时候可以想尽各种办法，但他从来不会为了钱而改变自己的立场。他的立场和态度，只有在权力的诱惑前，才会不断软化。

总之，正是借助《意大利人民报》这份发行量不大的报纸，墨索里尼得到了一块可以跳上意大利政治前台的有力跳板。他利用《意大利人民报》大肆宣传，支持民族主义者提出的通过战争"把国家从狭小与贫困的生活现状中拯救出来"的口号。这份报纸一创刊，就引用了两句格言，一句是布朗基的"谁有铁，谁就有面包"；一句是拿破仑的"革命是一种理想，需要刀枪维持"。

墨索里尼在《意大利人民报》进行的宣传得到了这么几种人的拥护：一是出身于资产阶级和贵族家庭的青年退伍军官。这些人希望通过战争保持其禄位，继续过优裕的生活；二是退伍士兵和战争中的受伤致残者。墨索里尼不仅"支持这些农村退伍军人提出的获得土地的要求"，而且，"鼓励他们去占领大地主未耕种的土地"；三是渴望土地的农民。墨索里尼撰文支持分土地给农民，并提出"扩大农民耕地"的口号。这三种人在意大利人口中占了绝大多数，他们把墨索里尼看作是自身利益的保护者，由此，墨索里尼的威望迅速提高，这为他在战后的政治格局中建立自己的地盘和群众基础打下了有利条件。

《意大利人民报》创办后，墨索里尼开始更加疯狂地写作。逐渐成为一名很有经验的新闻工作者，他不但极富洞察力，在对公众舆论的辨别和引导上也很有一套。他有个习惯，在写文章时，桌上往往会堆满各种报纸和参考资料，尤其是在他写社论的时候不许任何人打扰。在他的书桌上有支手枪，为的是警告别人在他工作时不要打扰他。有一次叫听差拿咖啡进来，墨索里尼脑子里正构思着文章，生气地对听差说："不准再有人进来，否则我就要开枪。"听差说："但是我要拿咖啡进来。"墨索里尼冷酷地笑道："那么我就对你开枪。"每逢他撰写社论时都是这样，不让任何人打扰他。

每份报纸出版后，墨索里尼都会仔细阅读，他经常对编辑人员说："我不喜欢不痛不痒的文字，文章要尖锐泼辣，像闪电和炸药一样，要富于煽动性。"在墨索里尼的苦心经营下，《意大利人民报》最终成为他夺取政权和大搞独裁统治的强有力的舆论武器。

墨索里尼起初在支持意大利参战时，目标并非延伸意大利的边界。但是随着他越来越多地在政论中附和国家主义分子，到了1915年，他已经开始提出要在战争中扩大意大利的领土，彻彻底底地暴露出法西斯主义的嘴脸。

墨索里尼虽百般鼓吹意大利参加第一次世界大战，并站在协约国一方，但这并非一件易事。用墨索里尼的话说是："意大利人苟安岁月已久，不肯为理想而奋斗。要改变他们的态度是难乎其难的。"此外，还有一困难：意大利人民反对战争，厌恶侵略。特别是意大利首相饶里蒂和德国关系较密切。早在开战之前，意政府就与德、奥结成了三角联盟，规定一方若遭受攻击，其他两国必须支援。为了毁掉这一同盟，墨索里尼除了利用《意大利人民报》大造舆论外，还创建了他自己的政党"革命同志会"。这是意大利法西斯党的前身。1915年1月，他的党徒已有五千余人，集合在墨索里尼旗帜下，多是流氓打手和主张侵略扩张的一些狂妄之徒。在一次集会上，墨索里尼对他们打气说："诸位都是反抗旧习俗的青年，一定能干出一番轰轰烈烈的事业来。今天要战争，明天就要革命了。我要意大利加入战争有两个目的：一是对内的，一是对外的。参战的结果，可以打倒奥匈帝国，解放意大利被侵占的土地；另外，可以把法西斯思想传播到俄、德两国，这对于世界革命、人类的自由是有贡献的。我们要脱去国家党和帝国主义党的面具，带着激进派、革命派反对宪政的精神，决心战斗到底！"

因为煽动战争，1915年4月11日，墨索里尼在罗马被捕，不过，在被监禁数日后又被释放。被释后的墨索里尼继续著文，发表演说。

另一方面，在墨索里尼鼓吹意大利参战之前，意大利就已经是各大帝国主义集团争抢的对象，因为身处地中海的意大利不但拥有重要的战略地位，还有和法国不相上下的人力资源，它的陆海军力量颇为庞大，如果可以参与到战争里，会对战局产生巨大的影响。

在战前，意大利是德奥的同盟国，但由于法国曾经对它施加经济上的压力，意法在1900年、1902年分别签订了两个协议。也是因为这样的原因，在战争爆发的当下，意大利人立刻选择了中立。从更实际的角度出发，在大战方兴之际，意大利其实还是想在混乱中看清战斗双方的力量和胜算，希望可以选对边站，至少可以以中立为借口，与战争双方虚与委蛇，甚至可以索取一些土地作为赔偿。

这样的目的下，协约方率先答应了意大利对土地的要求，由此，1915年5月23日，意大利正式对德奥宣战。

在宣战的第二天，墨索里尼发表的社论中慷慨激昂地写道："从今天起，意大利人民要从军了；从今日起，我们愿意与意大利共存亡！"

就这样，经过墨索里尼大张旗鼓的宣传，响应者逐渐增多，以致全国沸腾，意大利政府终于如墨索里尼所愿参与战争。而墨索里尼也于当年9月穿上军装，投入到对奥作战中。

第四节
投笔从戎：谁有铁，谁就有面包

1915年9月3日，墨索里尼应召入伍。"我去前线作战了，希望后面要有保障，要睁开眼睛，尽力奋斗、谨祝诸君努力！"写完这一篇文章，墨索里尼就把《意大利人民报》交给他的好友福耳科主办，自己扛起枪参军去了。

墨索里尼的这次参军，是想洗刷之前别人对他躲避兵役、不上前线的种种指责。他将这次战争想象成一次表现个人英雄主义的战争，而且他认为这场战争可以速战速决。但真正入伍后，他才发现自己的想象与现实并不符，战争很快陷入了持久阵地战的形势。

之前墨索里尼有关战争的预测，此刻看来仿佛是笑话。意大利军队没有好的装备、强力的指挥和做好准备的战士，有的只是一堆和墨索里尼一样，在想当然中被骗上战场的人。然而，墨索里尼毫不脸红于自己曾经吹嘘的速胜论，反过来对政府的无能进行大肆地指责——反正犯错绝对不能是他。

墨索里尼当时在名震意大利的伯萨利尼联队当战士，经过短期的训练就到前线作战了。他曾先后在嘉索、伊松佐和阿尔卑斯山作战，后来进入法国边界。墨索里尼所在团的团长，知道他擅长写东西，便叫他住在后面安稳的地方，替他们这个团写战史。墨索里尼不肯，他说："我是来打仗的，不是来写文章的。"他留在战壕中作战。由于在战斗中勇猛顽强，他当上了排长。但由于他有社会党的背景，就不能再提升了。在这期间，墨索里尼还经常在报纸上发表评论和战地通讯，力主坚持抗战，争取最后胜利。他说："我现在处于两面夹攻的地位，一方面对付前线国外的敌人；一方面对付后方国内意志薄弱的人。"

墨索里尼虽然在战场上显得十分英勇，但是战争带来的无止境的硝烟与炮火，特别是战士们大量的伤亡，使得他开始崇拜起宗教来了。曾经，他一度自诩为反宗教的勇士，将教皇视为不祥的人物。而如今他观念一转，认为所有罗马的好风俗、好习惯，都不来源于罗马人后天的营造，而是全部由天主保存，留到今日的。他说："罗马所以能够不朽，是完全靠天主的观念，或普遍性质。假如没有教皇，也没有这普遍性了。"因此，他这一阶段开始强烈主张：若意大利想要强大，称雄于世，就必须要有一种信仰来维系人心。因而，天主教必须得到重视。

战场上，死亡与鲜血是最常见的东西，每每在有战友死去之时，所有的人都感到悲哀，想到下一个可能是自己，更是相顾失色。当这种气氛出现的时候，墨索里尼总能用他充满战斗力的言语安抚人心，同时也毫不畏惧地身先士卒。因为有着不错的表现，他很快就被提升为下士。

1917年2月22日，因为一次地雷爆炸，一直以来英勇无畏的墨索里尼终于倒下了。他受了极重的伤，为了治愈他身上的伤，他前后动手术高达27次，全身上下取出了44个弹片。这样的重伤足以将一头熊击倒。强壮的墨索里尼被伤痛困扰着，即使伤愈，他的体力也无法支撑他在前线参与战争了。

这次意外后来被法西斯分子所津津乐道。在墨索里尼掌权后，有成百上千的人提到自己曾经在战场上将重伤的墨索里尼抬去医院。而墨索里尼又哪里记得当时抬自己的人是谁呢？他只是乐于自己的这段往事被人不断地提起、证明。他提起这段九死一生的过去，显得十分得意，他常常对这段经历旧事重提，说自己是如何在取弹片时拒绝战地医生在他身上使用麻药，而得知他下落的敌军又是如何畏惧于他的存在，宁可炮击医院来将他置于死地。

墨索里尼自吹自擂和喜欢自我陶醉的个性让他的描述显得颇有水分，后世对于这段经历的真实性也难以判定，关于他在前线的种种表现，以及来自他自己口中的自我褒扬，我们也只能不做评价。

1917年，作为协约国士兵的墨索里尼

但总而言之，这次伤病应该确实是存在的，因为在受伤后，墨索里尼已经不能继续待在战场上了。当局命他退伍，于是，他再次回到米兰，继续竭尽全力办他的《意大利人民报》了。

1917年6月，回到《意大利人民报》的墨索里尼发现，由于他的离开，以及战时经济困难的关系，《意大利人民报》经营得十分不景气。而在他回来后，这份报纸终于再次获得了更多的资金支援，并且在资本的支持下，义无反顾地走上了背离社会主义的道路。

墨索里尼的文辞还是一贯的辛辣，也是一贯的好斗。在《意大利人民报》这片战场上，他不断地发出战斗檄文，指责政界的种种荒谬。他厌恶新闻检查，觉得这是一种无比可笑且危险的办法。

前线的战争进行得并不顺利。在这样的状况下，墨索里尼开始考虑如何发动群众，取消议会并实施个人独裁。他始终将战争视为革命的第一步的态度让当局对他十分担忧，特别是另一边俄国的革命正如火如荼。然而，墨索里尼对于俄国人是十分痛恨的，主要是由于俄国退出协约国使得意大利军队在战场上受到了更大的威胁。在这样的危机之下，墨索里尼鼓吹意大利参战的虚伪性已经彻底暴露了。在意大利的军队之中，反战情绪如星火燎原一般。

在墨索里尼因为受伤而离开战场之后，意大利前线的战争形势的确是瞬息万变。1917年10月23日，在德奥联军的毒气炮弹与大炮轰击之下，意军不断后撤，失去卡波雷托。10月28日，意军放弃铁路枢纽乌迪内，大势已去，失败已成定局。

这次卡波雷托的败北让人民对于战争开始不满。曾经许诺的胜利和土地，变成了不断地惨败和百姓的叫苦连天，意大利政府在这样的状态下很快倒台了。

10月26日，博泽利政府下台，奥兰多组阁。

11月8日，意军总司令卡多纳被撤职，阿芒多·迪亚兹接替了他的职位。

卡波雷托战役在一战中是一次规模极大的战役，它的失败造成了很大的影响。由于双方在此次战争中投入兵力极大，均在250万以上，因而在首战告捷后，德奥联军顺理成章地乘胜追击，取得了一场大胜。在此战中，意军33.5万人被俘，13万人伤亡，军事物资大量损失，战线也向西后撤了一百多公里。

这是一次名副其实的惨败。

消息传到意大利，举国大哗。墨索里尼如坐针毡，夜不能寐。他不愿承认自己的立场有任何错误，依旧硬着头皮发表文章，鼓动人们坚持作战，以期扭转败局。他猛烈地抨击当时社会与军队中弥漫不去的悲观氛围，他认为，只要克服这次的难关，最后的胜利一定属于意大利。

他以自己惯常的手法写道，这是意大利遭受的一次历史上最惨痛的失败，也是他一生当中最大的耻辱。而比这耻辱更糟糕的，是卡多纳将失败归罪于下属，使成千的人被枪毙。这是何等不公的惩罚，失败的罪责本应由将领承担，正是因为他们反对参战的态度，才使这场战争走向失败。

他指责失败主义，也指责新首相奥兰多。他别有用心地表示，意大利需要的是一位独裁者，应该取消议会，实施军国主义，并取缔一切无党派的报纸。现在的意大利需要的是纪律而不是过多的责备与批判。

为了使士气得以重振，墨索里尼使出了浑身的本领。他提出了很多实际的作战建议，包括统一盟军的指挥与战略，希望英法增兵支援意大利前线，以进攻代替防御性堑壕战，还主张对德国实施恐吓性轰炸。美国在此时也已经对德宣战，美军的实力让墨索里尼相信，最后的胜利一定属于协约国。

在此之后，士气和战局果然开始一并好转。在与协约国的联合之下，意大利于威尼托大败奥军，一雪前耻，将之前在战败中失去的土地一一夺回。四年的战争里，意军有70万将士死于战场，但最终还是在付出了巨

法国"巴黎和会"现场

大的代价后获得了胜利。

战争结束后,意大利的退伍军人们成了墨索里尼的拥护者,相应的,为了继续取得退伍军人群体的拥护,墨索里尼也常常在文章里呼吁国家对于这一群体的优待。他在文章中写道:"我们不要忘记身经百战的人。应当给他们以相当的报酬,因为全国将来的幸福,仍旧寄托在他们身上。"

墨索里尼巧妙地将国家主义与革命思想混杂,再辅以人民要求的华美外套,满足国家荣誉的同时,又顾及到了个人声望。在弄清这些人的政治倾向后,就开始用自己的方式讨取他们的支持。他为穷苦的人争取好的待遇,利用人们的国家主义和领土收复主义心理。

总之,他圆滑地迎合着人们的各种要求,默默积攒声望。

然而因为当时墨索里尼的地位,他的言论并没有得到很大反响,愤怒中,他撰文痛骂政府的冷漠。他的不断作为,吸引了很多退伍士兵成为他的拥趸。在他未来的篡权过程里,这一群体成了他所拥有的重要武装力量之一。

在胜利之后,墨索里尼为了得到更多的利益,开始大言不惭地吹嘘意大利的功绩。他认为,盟军的胜利都靠意大利,意大利最后的胜利是"历史上最伟大的胜利"。不过,这些毫无根据的论断并没有真正在谈判桌上取得什么效果,只是徒留笑柄而已。

停战后,几个战胜国就开始商议着"分赃"。1919年1月18日,巴黎和会开幕了。

这是一次空前的大会,规模之大、时间之长、参与国之多,史无前例。直到1920年1月21日,这次会议才最终结束。

但是这场会议之中,意大利总理奥兰多仅仅是一个配角,毕竟在战争初期,意大利的立场并不坚定,在参战后也没有起到很大作用,经济上,意大利也实力不足,依赖英美法。也因此,在会议上,奥兰多的意见常常被忽略,而哪怕他愤而离场,也不会有人邀他回来,最终不过是他自己灰溜溜地跑回会场。

《凡尔赛和约》的最终签订,更多的是对德奥的制裁,割地赔款的负担大量落在德国人民的肩上,德国复仇主义不断滋长,为第二次世界大战埋下了祸根。

一战结束后,意大利统治者从《凡尔赛和约》中虽然分得了一些赃,但战争带给意大利的更多的是破坏,尤其是经济上的严重破坏,导致人民群众的生活水平急剧下降,不仅工人阶级反对统治阶级,而且很大一部分小资产阶级也开始表达不满。

1919年初,意大利的罢工运动扩大到几十万工人,并且带有总罢工的性质。北意大利的都灵、米兰、热那亚及其他工业城市曾是罢工运动的主要中心。工人除了提出改善工人的经济状况的要求以外,还提出了停止意大利参加干涉苏维埃俄国的要求;工人们拒绝把武器和物资运往俄国供应武装干涉者和白匪军。

1920年初,在意大利还出现了建立工厂委员会的运动;到8至9月份,夺取工厂的运动扩及六十多万工人。这是意大利无产阶级规模最大的一次起义。意大利北部所有的大型工厂掌握在工人的手中达二三个星期的时间。在工厂委员会的领导下，工人们曾独立地组织过企业的生产活动。工人们建立了自己的赤卫队。与此同时，以夺地和减租减息为内容的农民运动，也如火如荼地发展起来。

当时的意大利已经处在大好的革命形势中。但是还没有真正革命的马克思主义的政党能来领导工人阶级斗争，并把它引向胜利。意大利社会党曾经是一个中派类型的政党，当时它在"左"的旗帜的掩盖下奉行的其实是机会主义政策，这个党奉行的政策是让右派社会党人获得行动上的自由，而右派社会党所奉行的乃是反革命、反工人的路线。

社会党中的右派领袖们，事实上早在战争期间就已经同资产阶级合作了。战后，除了破坏群众的武装起义，反对工人阶级转向夺取政权的斗争以外，他们还阻碍建立工人和农民联盟，破坏了1920年都灵工人的4月同盟罢工，并且在同年9月，在同饶里蒂首相签订秘密的合同以后，取消了工人占领工厂的运动，使工人阶级遭到了一次最沉重的打击。

当时，以葛兰西和陶里亚蒂为首的社会党"新制度"派，是唯一坚持共产国际立场的马克思主义的派别，也得到了广大工农的拥护，他们于1921年1月创建了意大利共产党，从而标志着意大利无产阶级革命进入了新的里程。

1919年至1920年的局势表明，意大利的无产阶级革命已经成熟。面对蓬勃发展的人民群众运动，意大利垄断资产阶级吓破了胆。墨索里尼这个铁匠的儿子，这个曾经一度信仰社会主义的青年，现在顽固地站在工人阶级的对立面，成了反共、反人民、反社会主义的急先锋。他要充当垄断资产阶级的打手，他声嘶力竭地叫喊："杀！杀！杀！"决心在所有邪恶势力的簇拥下，在意大利建立起最反动、最黑暗的统治——法西斯独裁。

· 第三章 ·

创法西斯：建党夺权，
"向罗马进军"

第一节
广揽亡命之徒，组建反动法西斯党

出于自己建立法西斯，进行独裁统治的反动理想，墨索里尼于1919年3月在米兰招揽了之前曾经有过共同政治理想的朋友和行伍时的伙伴，以这150人组织了一个以"用军队的组织，组成一个革命团体，恢复意大利的固有国性，铲除赤化势力"为宗旨的"战斗法西斯党"。这些受墨索里尼感召的参与者，大多为逞凶斗狠、好斗好战的亡命徒，他们的宣誓带着他们性格中固有的狠厉，誓词之中抱着必胜的决心，打算就此让布尔什维克的势力土崩瓦解，建立起一个铁血统治之下的意大利。

与此同时，墨索里尼还尽可能地广泛召集党羽，以期尽快扩大"战斗的法西斯党"的规模。

1919年3月2日，《意大利人民报》上出现了一则来自墨索里尼的邀请，邀请上说"《意大利人民报》的记者、编辑、撰稿人、读者和追随者、现役军人、退伍军人、居民以及'新意大利法西斯'的代表和全国的其他代表均被邀请参加将于今年3月23日在米兰举行的私人集会"。

这个邀请正是墨索里尼物色、发展党羽的一份宣告书，他为了这次集会与德·韦基、费拉里、比昂基、詹保利、费拉迪尼以及梅拉维利亚等七人组织了一个执行委员会，这个执行委员会作为一个小小的核心组织在3月21日于墨索里尼的办公室中举行了一次准备会议。

如同墨索里尼所宣布的那样，3月23日，在米兰圣·赛波尔克罗广场的工商俱乐部，这个主要召集了退伍军人，还有工人、学生和其他小资产阶级分子的集会如期地举行了。这次集会在法西斯主义的史册之上是极为浓重的一笔，对于法西斯的崛起有着重要的意义。会议之后，根据警方报告，参加这次会议的共有300人，而在法西斯的报告中却说有120人。不论数字到底是多少，这次会议的成功召集，一定程度上代表了墨索里尼团伙的影响力在逐渐扩张。

这次会议在墨索里尼原本的设想中，应当非常隆重，会是一场以发起一次旨在接替议会执政权的活动。但一切未能如他所愿。在当时意大利国内的报界，对于这次活动只有一些简单的报道，对于这种参加者五花八门的运动，人们很难以认真的态度去对待。甚至于真正参加会议的成员对于这次活动的目的也非常糊涂。由墨索里尼一手操控的《意大利人民报》发出虚假的报道说，这次会议中的纲领得到了一致通过。然而事实是，这次会议根本没有什么纲领出现，他的政党未来究竟要走怎样的道路，他自己也在探索之中。

早期的法西斯主义者们疯狂地反对着教会，认为教会是可耻的大地主，要求没收教会的财产。他们同时主张废除君主制，强烈地反对任何形式的独裁和专制。墨索里尼厚着脸皮表示："我们首先是自由意志论者，我们热爱自己的自由，也热爱敌人的。"

基于这段发言，墨索里尼开始阻止新闻检查，以维护言论的自由。他强调，对于自由的态度是法西斯主义与社会主义的最重要区别。

早期的法西斯主义与墨索里尼后期的思想有很大区别。早期的法西斯主义纲领也同意要实行彻底的社会变革，这一点与社会主义者的主张非常相近。在这个纲领下,早期法西斯号召工人代表参与对大企业的管理,对资本实行累进税,征用土地与工厂,将超额战争利润收归国家,军工业实行国有化,取消上议院,分散政府权力等。这一系列看似颇具进步性的政策在墨索里尼夺取政权,实行独裁政治后,就被搁置了,甚至于否认法西斯曾经有过这样的纲领。

这一时期,意大利还出现了一个"黑衫党"组织,这是一个由退伍士兵组成的松散组织,其诞生早于法西斯党的出现。与德国战后出现的"自由团"相类似,这个组织实施一种海盗式的活动。从他们的成功组织之中,墨索里尼得到了许多经验。

1919年4月15日,《前进报》的办公室与车间遇袭,大量工具和资料被销毁。这次行动的组织者中就有黑衫党的头目,他也曾参与过法西斯的成立大会。墨索里尼对此次骚乱一方面袖手旁观,另一方面帮黑衫党辩

意大利法西斯党徽记

护，称这次骚乱是法西斯主义革命的首项物质成果。墨索里尼非常明白，暴乱的受害者如果是极左派，那么警察只会应付差事，不会严加追究。更何况，社会党人虽然总将革命挂在嘴上，但其实都是和平主义者，对一切暴力活动都不感兴趣，只要有一支小小的武装暴力势力，就可以将他们制服。因此，他立刻招募一支由几百黑衫党组成的私人武装，将大量武器运抵《意大利人民报》办公室，防止加入社会党的黑衫党成员的报复。

为了更大程度吸引足够的人加入法西斯党，以形成更大的影响力和向心力，墨索里尼除了以他非凡的宣传天才进行大量的、有震撼力、足以蛊惑人心的宣传外，还为党派设定了党旗与党徽。

意大利法西斯党的名称来源于古罗马高级执法官的标志，形如一束棒子，而墨索里尼也将它作为意大利法西斯党的标志，并依此设计了党徽：束在一起的一把棒子，中间捆着一柄斧头。这里的棒子代表着人民，而斧头则象征着党派的领袖，这个党徽昭示着法西斯的一个重要原则：人民要绝对地服从于伟大的领袖。这个标志同时也象征着意大利人民古老的传统——源自于古罗马的，对于权力的尊崇。

法西斯党还特别设定了一系列规则：党员必须行罗马式敬礼，高声唱青年进行曲。在这一系列的规则限定之下，墨索里尼以"信仰、服从、战斗"的口号驯服着党员，摒除着他始终鄙夷的民主政治下的"自由、平等、博爱"。

第二节
用别有用心的宣传来蛊惑人心

墨索里尼认为,人民群众运动是力量强大的洪水猛兽。为了能笼络人心,让军队的势力加入法西斯,他写了大量的宣传文章,在其中一篇名为《反对野兽再来》的文章中,他做出了一段极为激烈的宣誓,这段别有用心的文字极具煽动性和感染力,文章如此写道:"假如现在谁要反对已完结、已胜利的战争,我们就要直言不讳地承认我们是主战者,我们感到十分荣幸,我们将要大声疾呼:'滚开,你们这些流氓!'没有一个人能忘记为战争而死的将士。他们形成神圣不可侵犯的群体,好像埃及的金字塔上接天空,他们不是属于任何人的;没有一个人能将他们分开。他们也不是属于任何党派的,他们属于整个的祖国。他们属于全人类……我们能看着死者受辱而袖手旁观吗?……我们的事业刚刚起步呢。没有什么东西能伤害你们。我们愿意保护你们,我们不怕任何战争!"

墨索里尼这直抒胸臆却也暗藏深意的文字在军界掀起了风暴,那些他所期望的主战派、退伍兵、解职军官,甚至许多屡立战功的战士纷纷集结到他的麾下,成为法西斯旗帜下的一员。

这些组成的分子中，以阿尔蒂特战队最为出名。这支战队的前身是来自意大利各市的义勇队。在欧战中，这是一支极为勇敢、顽强、悍不畏死的战队，他们在战场之上既是孤勇强力的孤狼，每一个战士都力托炸弹，手举短刀，在战歌之中各自为战，同时，他们也是极善作战的群狼，有勇有谋有序，不拿下战斗决不罢休。这支部队在日后墨索里尼武力夺取政权时发挥了非常重要的作用。

墨索里尼所创建的法西斯党是一个秩序非常森严的组织，只要加入这个组织，就一定要遵守墨索里尼制定的种种规范和信条，包括：服从命令，不准空口说白话；目的明确，要不顾一切地去为胜利而战；纪念死者，尊敬伤残者及死亡者的家属。在这样的信条之下，牢记最初的信念，反对共产党，反对社会主义，从政治上创造一个全新的，法西斯的意大利。

因为组织的不断扩大，墨索里尼为了扩大宣传，将他理想中的法西斯应有的纲领与主张文字化，连续发布了三个布告：

1919年3月23日，第一次布告发布。这次布告主要是宣告法西斯举行会议，表示向一切为争取意大利的伟大与世界自由而死的意国人民致敬；向一切因战争而残废和患有不治之症者致敬；并向一切牢记不忘和努力完成他们的责任的人致意。他们同时宣称，他们会以全力保护并支持个人所拥有的一切物质的与精神的财富。这一声明争取到了军界的支持，也使资产阶级的诉求被保护，稳定了资产阶级。

第二次布告，则开始露出更为激烈的立场，他们宣称，法西斯反对有害于意大利的任何帝国主义，并扬言要接受国际联盟关于意大利的"提示"，声明要确保意大利边境在阿尔卑斯山与亚得里亚海之间的稳定。这一布告的强烈法西斯主义特色进一步煽动了一股沙文主义的狂热。

第三次的宣言则说到最近的选举。法西斯声明，他们将全力以赴，尽最大努力与任何党派竞争，以求最终大选胜利。他们自视为救世主，企图拯救意大利。

1919年6月，弗朗西斯科·萨夫雷奥·尼蒂出任新一届意大利首相。因为尼蒂曾经公开反对过意大利参加一战，因此，法西斯分子不同意他上任。此外，尼蒂身上维系着议会制的古老血统，而这正是法西斯分子苦心经营想要连根铲除的。在法西斯眼中，议会制是一种腐败的制度，是旧世界的腐烂花朵，让它继续生长在植株上，只会牵连整棵植物败坏，只有让它落下，才能滋养出植株的未来。

因为意大利当时的议会中没有某个党派占多数，所以，内阁仅仅是各党派的一个联合机构，所有的派别都在处心积虑将别人击垮。这种状况下，墨索里尼认为需要采用一种新的管理方式，成立一个小型的技术性委员会来处理国家生活的各种问题。

而在外交上，墨索里尼奉行着一种很得人心的政策，他坚持意大利在亚得里亚海地区占有的支配地位。他认为，整个达尔马提亚海岸均应归意大利所有，这是无可辩驳的，甚至不需要在巴黎和会上进行讨论。

1919年6月，经过巴黎和会长达六个多月的谈判，协约国与德国之间的和约最终在巴黎的凡尔赛宫被签订。这个和约的签订对于意大利的这些扩张主义者而言，可以说是噩梦降临。墨索里尼对此的评价是："我们的战争是胜利了，但外交则完全失败了。"

在这个和约中，意大利许多想要的土地都没能得到，有关殖民问题的解决，结果也与他们的愿望相违背。在这一次谈判中，他们的许多要求都被拒绝。

墨索里尼自然极为不满，他不能容忍这样的事情发生，因为这与他此前的目标差距太大了。他愤怒地说道："像我们这样一个有势力的大国，需要丰富的生产资料，需要更多的出海口，需要广阔的市场；但是当其他国家分配殖民地时，我们只是得到一些无关紧要的边界修正。"

愤怒与不满是会传染的。在墨索里尼言论的反复煽动下，愤怒的火焰和不满的情绪在意大利的各个领域与阶层传播开来，特别是军界、法西斯党徒和狂热的扩张主义分子之中，这些情绪熊熊燃烧着、极快地蔓延着。

而与此同时，意大利的社会也出现了许多问题。250万军人复员之后，在社会里无处安置，造成普遍的失业现象和严重的社会动乱。随之而来的战后通货膨胀和经济危机更是摧毁了本已经极为衰败的国民经济。而更加危险的是，民族主义分子的势力开始崛起。在墨索里尼的煽动下，这些民族主义分子一刻也不安生，四处兴风作浪，掀起各种社会动荡。他们有他们的理由。关于四处作乱，他们认为，这是报复，因为尽管意大利在战后获得了一些领土，但整体上，他们的诉求没有得到任何解决，无疑是受了欺骗。当初参战时，英、法曾满口答应，把某些奥匈帝国的领土划归给意大利，但最终并没有实现诺言。

墨索里尼公开声称，他领导的法西斯主义分子将进行海盗式的远征，占领阜姆。因为对该港的夺取可以为反抗英国在巴黎强加给整个欧洲的暴政做出一些表率。这是一种坚持国家自主权的壮举，也是对尼蒂和议会的挑衅。

1919年9月，极端的民族主义诗人邓南遮获得了法西斯党的帮助，他于是主张武力夺取阜姆。为此，他开始四处招募，募集了一批冲锋队员，这支名为阿迪蒂的冲锋队中有着大量的来自监狱的囚徒，他们都愿意以生命效忠，是一群不畏死、只求战的凶狠战士。在邓南遮的率领下，这帮亡命之徒开始一起向阜姆进发，下定决心在那里建立起一个独裁专政的法西斯式的政权。

这件事看起来像是从1915年5月宣战开始以来的反议会运动中的一个插曲。如果这次可以成功，墨索里尼希望可以从中沾光，但若失败了，他也不想陷得太深。墨索里尼奸诈的脚踩两条船行为被邓南遮所不齿，他写信辱骂墨索里尼，说他是个懦夫，不敢去阜姆亲自参战。这封信刊登于

《意大利人民报》，但其中的激烈言辞被尽数删掉，因为墨索里尼不愿让读者觉得邓南遮比他更具革命的勇气。

在1922年，法西斯主义以"向罗马进军"的方式成功夺取了政权，将国家捏在自己手中。但这一方式的提出和这一思想的形成，却要追溯到1919年的阜姆。根据后来邓南遮自己说，是他首先想到将阜姆作为基地，发动进攻，向罗马进军的。当时，他的这个意见受到了国家主义党、社会党和无政府主义者的欢迎，很多与他意见不同的法西斯主义分子也因为不满墨索里尼的优柔寡断，转而支持这一意见。

墨索里尼在发文章谈及此事时，显得非常慎重，他希望自己可以表现得更果断一点儿，他不愿意邓南遮始终占领着最多的版面，他总认为即使要革命也应该由他领导，邓南遮肯定只会让事情变糟。

墨索里尼开始一如既往地脚踏几条船，他一方面私下拟定计划，准备夺取意大利的一部分城市并宣布邓南遮为意大利共和国的荣誉总统；而在公众面前，他只说也许会在进军罗马前举行一次被军队支持的暴动。同时，他也在暗中劝说邓南遮，不要冒险，与其进军，不如寄望在11月的议会选举，这次选举在墨索里尼的预测中政府很有可能会失败，而革命有很大的成功概率。与此同时，墨索里尼挪用《意大利人民报》为阜姆事件募得的捐款作为自己的竞选资金。

第三节
暴力夺权，疯狂镇压反对者

权力的争夺不是小孩儿过家家的游戏，期间夹杂着无数残忍与悲剧，没有人能在权力的倾轧中保持干净。以夺取政权作为最终目的的墨索里尼自然是这肮脏交易中的一员。他为了能够尽快地让法西斯势力得到扩张，采取了许多无法见光的手段，他在官场之上左右逢源、不择手段，许多方法都恶劣得无以复加，甚至可以说是不堪入耳。但他似乎对这一切全然不在乎，他只有一个唯一的目标，那就是夺取政权，建立一个法西斯统治下的意大利。

他欺骗广大劳动人民说，你们被背叛了，意大利社会党早已背叛了无产阶级，时至今日，只有他一人坚持着社会主义的精神，他一心想改善工农的生活，让劳苦大众于苦难的生活之中得到解脱。而对着工业资本家和大的金融财团，他又是另一张面孔，他许诺法西斯党对于私有财产是绝对地保护，实施的是自由主义经济的那套，对于马克思的阶级斗争学说更是坚决地反对。

1919年3月23日的米兰商人俱乐部会议上，墨索里尼的一系列讲话受到了资本家们的热烈欢迎和推崇，在此之后墨索里尼私下对心腹们非常得意地表示："我们的政策左右逢源，既讨好贵族，又讨好平民；既反动，又革命。"

1919年11月，议会选举依照按比例分配名额而非一个选区产生一名议员的方式进行。墨索里尼认为新的规则对他是很有利的，因为他可以预见，这样的规则下，选出的议会将会是一个多党派的大杂烩，政府会更难以开展有效的工作。唯一让他有些担忧的是，法西斯党徒参与这次选举的步调并不协调，没有统一的规划，而是以各个地方为单位，各组织自己决定选举纲领，于是不同地区就开始各自为政，难以被整体统率。

墨索里尼在此时提出了一套反教权主义的右倾纲领，并要求征收资本税、增加遗产税并废除君主制，他还大力建议与社会党等左翼党派联合选举，但是这些党派均认为与他联合不利于选举，除非墨索里尼退出选举，他们才同意联合。

左翼党派的分析无疑是正确的。最终事情的现实走向并不如墨索里尼所想，甚至远远要坏于他的预测。1919年11月16日，这一天是墨索里尼黑暗的一天，他的理想一瞬间全部落空。这一天，大选的结果揭晓了，踌躇满志的墨索里尼和他的法西斯党一败涂地，败得毫无转圜余地。在整个党派之中，没有一个人成功地选入国会，甚至是在他所认为的自己的大本营米兰，他得到的票数也寥寥无几。

选举后，墨索里尼因为非法收藏武器被逮捕，与其一起被捕的还有上百名法西斯党徒。但次日就被释放了。当局这种故意放纵违法行为的现象昭示着一种不祥，似乎为墨索里尼最终的夺权发出了先声。

与此同时，邓南遮所带领的暴徒们武力霸占了阜姆15个月，最终因为意大利与南斯拉夫签订了《拉帕洛条约》，由于强大的国际舆论压力，他们也不得不最终撤出。一切努力都成为泡影。

因为选举的惨败，很多党徒都对法西斯失去了信心，觉得这样下去并没有什么前途,大量党徒退出了法西斯主义的运动。根据中央委员会成员说,1919年底,全意大利大概只有4000人左右相信法西斯主义。墨索里尼一度也非常失望。他的报纸已经亏损很久,家里也没有什么钱,有一段时间,他意欲出走,对新闻工作无比厌倦。他曾打算换一个题材进行写作,但构思出的情节总逃不脱肮脏下流的勾当,没有什么市场。

但他很快又振作起来,并找到了许多自我安慰的理由。虽然在议会选举中失败,但幸好,新议会比原先的议会难以控制得多,500名议员里就有300名是首度进入议会,小党派在其中占据了一定的比例,使得有效的联合执政难以出现。其中,社会党议员所占的人数是最多的,这也不失为好事一件,因为这就使得国内的保守派感到了不安,甚至开始转向法西斯寻求支持。

在自由选举处跌倒,或许可以另走一条路重新爬起来。墨索里尼转而开始思考暴力的手段,法西斯主义运动作为左翼运动已经失败,但向右派转化也许会有新的生机。

面对这不利的形势,墨索里尼强自镇定。他现在手上唯一的资本就是《意大利人民报》,拥有报纸的最大好处就是,可以用文字来鼓动人群。因而在他掌权之后,非常注意不让别人拥有这种资源。

墨索里尼幸运地从金融界找到了投资。当时,他的主要助手几乎都辞职了,他们不满墨索里尼雇用大量亡命徒以恐吓他人的行为,更不满他随便更改报纸的立场。但墨索里尼只关注自己的社论,对于其他的版面如何并不在意。他甚至不认识在一起工作了几个月的编辑。

墨索里尼的写作风格突出,非常的犀利和尖锐,甚至有些不讲理,经常用激情掩饰漏洞。为了继续煽动民族沙文主义,使得国内的人们对法西斯负面消息的注意力被转移,墨索里尼开始对尼蒂政府进行不遗余力、毫无收敛的强力攻击。1920年1月8日,在《意大利人民报》上,墨索里尼发表了一篇名为《不幸》的社论文章,这篇文章集中攻击尼蒂在巴黎

法西斯狂徒 墨索里尼

谈判中的表现，认为他在谈判的过程中丝毫没有考虑国家的利益，而是不断地退让，一步一步将到手的利益交出，可以说是丧权辱国。

这一番宣传终于起到了一些墨索里尼所期待的作用，在此宣传下，群情骚动，在外交使团中也开始出现了一些没有根据的无稽的谣言，谣言声称：南斯拉夫人要来占领整个亚得里亚海岸了！整个罗马陷于异常的紧张和恐惧之中。各个阶层，各种职业，包括学生、教授、工人、市民都举行了声势浩大的游行示威活动，这些活动以爱国主义为旗帜，要求政府收复达尔马提亚和阜姆，只有这样才能代表他们对于国家还是忠诚的。

于是，在群众山呼海啸般的抗议声中，尼蒂政府第三次倒台，作为首相的饶里蒂则继续组阁。但大势所趋，他无法力挽狂澜，他的政府依然日复一日地变得软弱无能。人民群众自然不满于这样的局势，随着他们不满情绪的日益壮大，革命运动开始蓬勃地发展起来。在马克思主义的指导下，他们开始纷纷占领工厂，取得工厂的控制权，建立工厂管理委员会。在这样的革命活动中，象征着苏维埃的镰刀与斧头的旗帜开始一面一面地飘扬起来，飘扬在工厂的天空之上。

对于事情这样的发展，墨索里尼与他的党徒自然无法轻视，他们对此恨得是咬牙切齿。他们发现，"愚昧"已经在工人和农民的胸膛中饱和，已经无法听进去他们的宣导，也无法再接受"正确"的思想，想用好话和宗教式的慈悲来劝导已经不会再有作用了。

1921年1月，社会党里更左的一群人另行组党，组建了共产党，共产党的出现对于法西斯主义造成了一定威胁。留在社会党内的党员多是温和派，在议会中仍然占据大多数的席位，他们是最有可能被说服与自由党联合的群体，而这种联合一旦形成，就可以组成一个能有效行使权力的政府。为了防止这种事情发生，墨索里尼先一步提出与自由党合作。

墨索里尼同意与自由党、国家主义党一同参选，使得很多追随者感到不满，因为如此一来，等于他已经和保守派站在了一起。墨索里尼甚至还宣称，他是保守派中的极右派。他找出许多理由证明只有变得保守，才能形成一股真正的力量。为了表现自己的极右立场，他要求把英国赶出地中海，他不断申明，法西斯的外交政策是可以用"帝国主义"和"民族扩张"来概括的。他还为利用警察的权威及他们背后一些行政官员的支持来辩解，认为极右从策略而言对法西斯主义运动的发展有很多好处。

不过，极右也只是墨索里尼在各个势力之间转圜所需要的一种说辞而已，在墨索里尼看来，法西斯真正需要的是暴力、流血和牺牲。他对此下了论断："绝不能用乳水难融的宣传方法，用言语——国会与新闻界中无聊的斗争。"

法西斯的暴力向来是极端凶恶残暴的。那个时候的意大利，在大街上和田野中，每一天都有血战在发生。法西斯的别动队到处袭击工会，攻击无辜的人民，焚烧《前进报》馆，打骂甚至枪杀各界进步人士和共产党人。

在第二次大选的时候，法西斯的暴徒们露出其最为凶恶的面目，他们口出狂言，毫无顾忌，表示谁假如不投黑衫党的票，就将没有宁日。重者会遭受到致命的报复，而轻者也要喝上一杯蓖麻籽油以示惩戒。

在极端暴力的威胁面前，许多人被慑服了，他们大多数不可能不在乎自己的人身安全。也因此，在第二次选举中，法西斯党的选票有了大幅度的增长。不仅仅是在米兰，在波伦亚、弗利，也都获得了巨大的成功。

第一次选举时，1919年11月，墨索里尼所获得的票数不过4000张，而到了1921年的第二次选举，仅仅三年间，他得到的选票就骤增至十七八万。而法西斯党在国会总共535席的席位之中虽然最终只占得了35席，但他们却有着极大的反动能量，成为一支能够操纵国会、干预国事的不可忽视的强大威慑力量。

在斗争中，墨索里尼不仅仅要指挥法西斯党徒参与武斗，而且还以身作则，亲自参加各种决斗。他曾先后与政敌西科蒂·斯克日斯和巴斯吉

法西斯狂徒 墨索里尼

意大利法西斯党徒领袖墨索里尼

奥进行决斗,在数回合的交战过程中,最终以他最为擅长的剑术将对方击败。他始终鼓励党徒们要具有决斗的精神,为此,墨索里尼将奥格斯塔的坟场变成罗马的音乐会场,借此来发扬武士精神,同时要求法西斯的党徒们"决战决胜,视死如归"。

有一次,一个非常狂热于法西斯的军官菲德烈克中将被他的下属刺杀身亡了。墨索里尼对这件事颇感伤痛,他狂怒道:"这是一个令人惊骇的事件!"他要求法西斯的所有党徒要继承死者的遗志,坚决地按照原本的目标毫不动摇地走下去。他非常感性,却也别有用心地说:"在意大利近代史上,没有一个党,没有一种运动能比得上法西斯。没有一种理想及得上法西斯,它是青年人的血所供奉的。"法西斯党徒们纷纷起誓,表达忠心,决心要对革命党团血战到底,绝不姑息。

在大街和各类公共场所中,以维持秩序为名义的各类法西斯党徒们行凶作乱的活动频发不绝,许多进步人士都被杀害。

这些疯狂残暴的邪恶活动背后,是墨索里尼声嘶力竭的叫喊:"我拿我的名誉担保，誓将红色的党团击碎。"

因为要壮大反革命的武装力量，做好全面夺权的准备，墨索里尼特地组织起了一个军事参议会，广泛地招收军官和退伍军人，将匪徒们训练并武装起来，对于共产党与革命人民团体进行毫无人道的残酷镇压，制造恐怖的气氛。

法西斯党徒对于自己的领袖墨索里尼，有着发自内心的无限崇敬，每一次，当他们见到墨索里尼，都要行古代的致敬礼。他们大多性格极为粗野残暴，满身的腾腾杀气，有着古代罗马帝国军人的姿态。在当时的大街小巷，常常能够听到他们"杀！杀！杀！"的疯狂嘶吼声。这些人不但姿态粗野，行事上更是胆大妄为。他们常常自立刑法，私自设立法庭，疯狂地虐杀共产党，轻者剃人须发，给人灌蓖麻籽油，重者则会加以残酷的鞭打，一般经过他们的鞭打后，人就非进医院不可，连监狱都不必进了。法西斯党徒把嗜酒犯罪看得很严重，曾经在法西斯党部张贴过一张布告表示："凡吃醉酒的人，均须饮蓖麻籽油一立升。售酒者与吃醉酒者处罚相同。所有酒店与咖啡馆中，都陈列着一缸蓖麻籽油，以示警告。"

在法西斯的残暴手段面前，意大利资产阶级政府的软弱简直不值一提，他们的领导班子如走马灯般不断更换，而不论如何更换，都在法西斯牢牢的掌控之下。

1922年7月19日，还没上任几天的法克达政府又一次摇摇欲坠了，国会上，墨索里尼对这位总理说："法克达总理先生，我告诉你，你的内阁不能再维持下去了……现在法西斯党要自行其是了，或者要做一个执政党，或者要做一个乱党，何去何从，要看局势的发展了！"

这句话如同一个讯号，又像是一个早已被公布了的刑期。是的，在经过漫长的准备之后，法西斯终于要夺权了。

10月24日，法西斯党代表大会在那不勒斯召开，墨索里尼在会上对代表们说道："假使我们不能和平接受国家政权，便带兵到罗马去，清君

59

侧，用武力攫取政权。"墨索里尼话音刚落下，党徒们就疯狂大叫："到罗马去！到罗马去！跟我们的领袖到罗马去！"

这是一个早已准备好的阴谋，而此刻它终于露出了它最为阴险的面目和野心。

截至1922年11月1日，法西斯的武装党徒经过长期的发展培养，已发展到50万人，而普通党员则达到100万之多。此外，在他们操纵控制之下的工会和其他各类社团还有250万余人。可以说，此时的意大利，即将要陷入法西斯的魔掌了。

第四节
进军罗马，成为意大利的新"领袖"

为了最终夺得政权，墨索里尼和法西斯党如火如荼地准备着，磨刀霍霍，随时准备向罗马进军。

1922年9月，墨索里尼成立了最高司令部，这个司令部的成立，主要是为了一统法西斯的指挥权。这一时期，墨索里尼希望利用最为合算的方式来组织自己得到的新的权力。一方面，他向政府提出了解散国会的要求，另一方面，又对元老院提出让元老院协助自己的要求，但这些要求全部遭到了拒绝。在这种情况下，墨索里尼开始逐渐侧重于武装夺权的行动，因为他知道，在政府和元老院的阻挠下，只有利用武装，才能真正夺权。

墨索里尼深知，进行武装暴力夺权的话，若军队正式出面镇压叛乱，以他现在力量是绝对不可能成功的。于是，他开始煞费苦心地到处游说，以期在军官与退役军官中寻找到支持自己的力量。他甚至向一些退役的将军讨教军事战术。在这个过程中，有很多军官对他的法西斯主义运动颇为同情，但要让军队支持甚至参加到反对国王的暴动中，在他们看来是绝对

法西斯狂徒 墨索里尼

不可能的。

10月16日,墨索里尼藏身在罗马,与一个支持法西斯夺权的将军进行关于进军的编队、行动路线和纲领的各种策划。而此前,墨索里尼又在克雷莫纳、米兰和那不勒斯等地为政变做着战前的准备。从那不勒斯返回米兰后,他尽可能地不动声色,在他的手下到处动员为战争做准备时,他甚至很少出现在办公室,反而常常在郊外、剧院看到他闲适的身影。事实上,他是在借休闲的机会,暗中与米兰的报界要人私相授受,希望他们可以——至少在心中——赞同法西斯党进入政府可以挽救国家。在与这些人商谈时,他总是将经济挂在嘴边,再三提出平衡财政、稳定货币、缓和通胀,他理所当然地不会提到独裁的问题,甚至向他们保证,事成后,他会解散"黑衫军"。与此同时,他毫不停歇,在报纸上发表公开的文章,文章中表示,法西斯党要"拯救"意大利,要把所有革命力量"打翻在地"!

10月20日的午夜,法西斯正式开始向罗马进军。法西斯总部面向全

1922年10月20日,墨索里尼正式开始向罗马进军

国下令，而墨索里尼的最高司令部也发表了针对全国国民的檄文，他们规劝警察、军队不要与他们作战，因为他们的目的仅仅是推翻统治阶级，而不是与他们为敌，他们也劝告有产阶级放心，同时表示他们一定会全力保护工农的正当权益。他们发出声明，表示法西斯党是尽忠王室的，这个声明意在拉拢意大利的保皇党，希望能以此减少夺权的阻力。

进军罗马前夜，法西斯党曾经召开过一次紧急会议。墨索里尼在这次会议中召集了法西斯的主要头目，包括四路军司令米捷斑琪、德邦诺、意大罗巴波和朱里亚迪。这次会议的召开，最终决定了墨索里尼为最高统帅，所有人都听从他的指挥，而四路大军将沿第勒尼安海进军罗马，沿路要占领邮电局、城市、警察总部、政府部门、火车站、兵营，还有其他各类重要设施。他们在会上决定，若遇到军队进行反抗或者是革命群众阻拦进军，那就毫不留情地彻底消灭！翁布里亚的首府佩鲁贾作为法西斯进军的指挥总部，是一个交通发达、进退皆易的地方，假如说政变最终失败了，可以由此跨越彭宁山，退守波河流域。在历史上的各种大型革命运动和战争中，此地是意大利一贯的指挥中心。

人员安排妥当，路线规划清晰，甚至连退路都已选好，一切终于准备就绪，然后，这支数以十万计的大军终于浩浩荡荡向罗马进发了。

在进军的当日，墨索里尼又一次发表文章。他以四军团总指挥的名义，在法西斯机关报《意大利人民报》上发表了《革命宣言》：

"法西斯蒂！全意大利！我们决战的时刻到了！四年前的这个时候，我们国家的军队赢得了欧战的最后胜利。今日黑衫党要进军罗马，将这一战绩再献给这座历史名城。从今日起，法西斯宣布临时戒严，所有的军事、政治、行政职务，都由四军团领导人以独立的形式进行指挥。

"在法西斯向罗马进军中，国家军队要严守中立，不得干涉。法西斯对于军队特别尊敬。法西斯不反对警察，只反对懦弱无能的政客，他们在四年中甚至都不能成立一个好政府。国内的资产阶级要明白，法西斯并不

法西斯狂徒 墨索里尼 faxisikuangtu mosuolini

要他们承担什么,不过,希望他们严守纪律,法西斯将会帮助他们得到一种使意大利更兴盛的力量。工作在工厂、农场、铁路上的人们,不用害怕法西斯政府,我们将要维护他们的正当权益。我们对没有武装的仇人也要采取宽容态度。"

法西斯这一次的进军十分顺利。进军当晚,墨索里尼就得到攻克克雷莫纳、亚历山大里亚和波伦亚的捷报。沿途中所有的政府军队和警察,统统严守中立的立场,对他们的进军没有阻碍,只有少数的革命群众进行了阻挠及反抗,但因为力量悬殊太大,这些反抗也被法西斯暴徒们一一打压,没有形成任何气候。

在法西斯武装暴徒的威胁之下,资产阶级政党们都老实投降了,只希望法西斯可以手下留情。而意大利国王此时也发生了动摇。维托里奥·伊曼纽尔国王是一个胆小怕事之徒,并没有因为他的身份和眼界产生超越常人的勇气和决断力。他任何时候都只想平庸、正常,他不想违宪,

1922年10月28日,在完成向罗马进军之后,墨索里尼(中)正和他的党徒们站在罗马市内

· 64 ·

但却不得不承认,此时自由党的领袖无法解决当前的问题。因为自身的软弱,他倾向于信任坚决果断、可以掌控国内局面的人,而出于统治者的贪婪,他对于赞成帝国扩张,维护意大利利益者更具好感。他越来越觉得,解决眼前僵局的最好方法,就是让墨索里尼参加内阁,如果害怕他的力量,可以让他担任一个次要的职位。比起维护当前的政府统治,他更希望可以避免一次武装革命,若发生内战,他表示,自己也会退位。

10月28日,国会议员们来到米兰的法西斯报馆,要求见到墨索里尼,他们希望可以以中央政府来换取一个停战或休战的条约。而墨索里尼毫不犹豫地回绝了他们。他深知孰轻孰重,他的这次进军,是他把最大的权力握在手中的唯一机会,他绝不会因为一点儿蝇头小利放弃这个机会。

面对严峻的形势,首相法克达非常焦躁,在身边参谋的建议之下,他勉强发表了一份官方文书,内容如下:"现在有几省发现一种叛乱,以致阻碍国家政府执行职务,并陷全国于困难之境。目前中央政府正设法求得和平解决。对此革命运动,政府将不惜任何牺牲以维持公共秩序。"

这份慌乱期间起草的短短的声明,首先在关于事件的定性上就已经错漏百出,可以见得法克达是怎样的惊恐万分。阁员们看到事态的危机,也只能尽量择出自己,让法克达独自处理并承担这个责任。法克达与其亲信在罗马商议之后,决定宣布戒严,却被国王拒绝了。

墨索里尼可以感受到,现在的形势一片大好,距离成功只剩一步了。资产阶级动摇,共产党收敛,法西斯大军已然兵临罗马,一切都走向他所渴望的方向。

10月29日,一封电文成就了墨索里尼的全部心愿:"万急。墨索里尼。米兰。国王召您速来罗马,因彼拟将组阁重任交付于阁下。即此问候。"

墨索里尼心中有些不满于这样平淡的胜利,这来自王室的任命让他显得太过被动。原本,在他的设想中,他应该组织30万法西斯党徒,以

法西斯狂徒 墨索里尼

faxisikuangtu
mosuolini

法西斯大独裁者墨索里尼上台

浩浩荡荡之势打入罗马，强迫国王接受他的意志，在后人的传说里留下不朽的传奇。

事实上，墨索里尼应该偷着乐，进军罗马能取得胜利就已经很不错了，要知道，当时参与到进军罗马的法西斯军队并不是所谓数十万，真实数目只有不到三万人，武器装备也都非常差，与罗马的卫戍部队根本无法对抗，如果国王有心抵抗，只要四百警察就足够在远离罗马的地方拦截住这些法西斯。墨索里尼在后来也承认了这一点，但反而更加得意。他手下的战队是在他接到组织政府的请求之后才到达罗马的，当时，已经有摄影师在那里等待，准备拍摄他们的到达镜头，而后利用传媒进行疯狂的宣传：法西斯在内战中牺牲三千余人，最终取得了政权。在政府编写的史书中，也写入这些法西斯烈士。

不论怎样，对于胜利，墨索里尼是欣喜若狂的，他立刻将这一消息告知他的党羽，并在《意大利人民报》上将电报全文刊发，通报全国。然后，他将《意大利人民报》交托给兄弟，安排好报馆的大小事务，而后动身前往罗马。临行之前，大雨倾盆，虽如此，他的支持者们仍然狂热地为他送行——这是墨索里尼花了好几个小时布置的场面。

为了制造一些紧张的气氛，他命令战斗队员再次捣毁了反对派报社的工具，让公众只能看到法西斯报纸对于这次事件的报道。

这一切对他而言都太美妙了。一次次的，各种手段的经营，无数次的失败打击，而如今，他的铤而走险终于换来了成果。而这果实硕大并且甜美无比。

墨索里尼到达了罗马后，前往王宫与国王会面，与国王一起检阅了攻入罗马的法西斯部队。

这是一次成功的暴力夺权，此后，墨索里尼成为意大利大权的实际掌握者，一个独裁的、残暴的意大利政府就要建立。

夺权成功后，墨索里尼首要的工作是恢复国家的秩序，掌权之后，他立刻发布了加强纪律、禁止在罗马游行示威等一系列法令。他还用武力的方式维持表面的和平，除了驻守罗马的6万法西斯军队，另外调来30万黑衫党驻守罗马城外。

黑衫党的进入让一些米兰人民熟悉的暴行在罗马重复上演：自由党报纸的编辑被逼喝下蓖麻油；社会党报社被查封焚毁；商店遭到劫掠；反对法西斯的政党受到骚扰和打击；外国大使馆被迫挂上意大利国旗。而这一切伤害在法西斯眼中，还显得远远不够，远不能威慑对法西斯心有不满的人。

由于过多的暴力已经发生在这片土地，意大利人对于这些暴行渐渐显得麻木起来。在国外证券交易所中，里拉的价格已经开始疯狂下跌，但是意大利自身的股市在墨索里尼上任后却开始上扬。对于墨索里尼的上任，各个党派都发来了贺电，墨索里尼一直担心的总罢工也因为社会党的消极没有发生。

墨索里尼发动的叛乱似乎在意大利社会上并没有产生过多强烈的反弹，这表明了，公众对于自由党领袖没什么信心，即便对于新政府也存有很多疑虑。

当时社会上还有另外一种普遍情绪认为，法西斯主义可以替代无政府主义，当法制与秩序无法被维护的时候，法西斯主义就是最后一手，但似乎没有人认识到，无政府主义的出现原本就有法西斯主义煽动的成分。

面对这样的社会氛围，墨索里尼更加担心宣布独裁后的种种社会反应，于是他决定暂缓独裁制度的推行，先将社会恢复到一个较为安定的状态。此时的墨索里尼，最渴求的就是社会的稳定，他后来回忆这段日子时说："我不会忘记，需要用大量的精力来对付这充满阴沉险毒的下议院，他们经常构陷我，他们习惯于蒙昧、奸诈、妒忌，而又怀恨于我；而没有主见的上议院，他们表面上尊敬我，但不能与我合作。同时，国王袖手看我依照宪法到底能做些什么。教皇忧心如焚。各国都以疑惑的眼光观察此次的革命。国外银行界都急切探听消息。货币兑换率涨落无定，意大利的债权也发生动摇，都在等待清算的到来。当时最要紧的，就是要给新政府显出一种稳定的印象来。"

为了这种稳定，他需要在短时间内组织起一个新的中央政府。他将法克达首相遣送回乡，但又害怕别人对他产生"一党专政"的印象（虽然他的确打算这么做）。于是，他决定组织起一个混合内阁，当然，这个内阁的存在是基于法西斯的绝对领导的。在这个全新的政府体系里，他本人任总理，同时身兼外交部部长和内务部部长，企图将一切实权握在手中。阁员之中，15人为法西斯党徒，自由党右派、国家主义派与社会民主党各3人，天主教信徒6人，而其中重要的职务基本全由法西斯占据。

墨索里尼力求稳定的姿态还在军权上体现了出来。他命人贴出布告，宣布法西斯军队解散，表示："全意大利法西斯！我们的运动已经胜利了。我党领袖现已将国家政权，内政、外交都操于一人之手。为了和平，新政府阁员中也有其他政党分子，那些人士都是忠于国家的。意大利法西斯党勇于进退，现在就是急流勇退的时刻。"

同时，他不忘将新政府的组成电告意大利各省，宣布自己的身份，并通知将在11月16日召开下议院会议，宣布施政纲领。

11月16日的下议院会议事实上是一个施威与恐吓的大会。墨索里尼在会议的开始，便让一贯散漫、软弱的议员受到了惊吓，他说："这个会场，本会成为尸横满地的屠宰场；而这次国会，本来也可作为一党专利的场所，成就一个一党专政的政府。但是我不会这么做，至少现在不会。今天，我会仿效以前的内阁，一上台便宣布政纲，因为那根本纯粹是纸上谈兵，对现实的状况无济于事。我断言我将要顺从我的意志去做，不被空谈左右了我的实际作为。在外交政策上，我将全力奉行'尊严与国家利益'的政策。"

这次议会真正意义上"镇"住了议员。从这次会议中，议员们深刻地认识到，只有他们规规矩矩地拥护这位独裁者的统治，才会有好日子过。这些软弱的议员们不复以往的高谈阔论，反而开始唯唯诺诺，将墨索里尼的一切话语奉为圣旨。

墨索里尼于是飘飘然了起来。作为一个曾经被驱赶、被唾弃的人，他无比享受这一刻的尊崇。他觉得，世界上最大的权势已经在握了，但他还可以拥有更大的。他想起幼时的他，尖刻、孤僻、不讨喜的男孩儿，窝在一个四壁皆黑的小小房间里，而后随着年岁的增长，他也不止一次地身困囹圄，在狭小的空间里展望那看似遥不可及的梦想。而如今，他手握着整个意大利，脚下无边无际的国土都在他的掌控之中。可他觉得还不够，他希望意大利也能拥有一片永无落日的土地。因此，掌权不久，他就义无反顾地开始了开疆拓土的征程。

从一开始，外交政策就是墨索里尼执政的重中之重。他整饬国内的法纪，稳定国内社会的秩序，为的就是可以执行更加强硬的外交政策。意大利在国际上威望的上升，也会有助于他自身威信的提升。他小心翼翼并处心积虑，不轻易承认有在国外开疆拓土的野心，即便他其实早就公开表达过：和平是不会持久的，它仅仅作为两次战争之间的过渡，给双方一些休息的空间。

墨索里尼主持外交事务后做的第一件事就是把外交部从议会大厦迁出，搬到一个地方小得多的齐吉大厦中，这座大厦有一座可以俯瞰罗马中心广场的阳台，以供他在此发表重要的讲话。

任职一周时，墨索里尼第一次代表意大利出访，参加讨论土耳其和约的洛桑会议。他决定要趁这次机会好好表现自己，想要给这次会议造成一些小麻烦，让法西斯不被轻视。于是，当英法的代表已经抵达洛桑时，墨索里尼以命令的口吻通知他们，他会在特里塔特等候他们，然后举行一次预备性的会谈。英法代表感到惊讶。当他们抵达特里塔特时，更令他们惊讶的情况出现了：黑衫军成员组成的一个方队将墨索里尼紧紧簇拥，一边的乐队高奏法西斯国歌《青年之歌》，而这次会谈的所有内容，就是让各国代表以平等的态度对待意大利。这种不成体统的行为，在意大利当地的报纸上被吹嘘为意大利自1860年以来，外交上的首度胜利。

几个月的会议中，墨索里尼只在那里待了两天，并在两天之中得罪了几乎所有人。著名的作家海明威也是当时在场的记者之一，对于墨索里尼，他这样描述道："这位年轻的首相似乎时刻都在考虑第二天报纸的标题会怎么写，所以对记者比对会议还要感兴趣。"

这一次国际上的首度公开露面，墨索里尼并没有给人们留下什么好印象，人们普遍觉得他是个利己主义者，自我意识强，并且有些矫揉造作，除此之外，没有给人太多深刻的印象，也没做出什么有水准的发言。

墨索里尼回国后，很快又参加了在伦敦举行的一次讨论德国战争赔偿的会议。此次，他依旧故技重施，结果，也在三天的会议中，得罪遍了当场的所有人。

当时的国际政界人士对于墨索里尼的评价都非常之低,这也导致墨索里尼后来不爱出国活动,因为只有在国内,他才能牢牢把控媒体的嘴巴。

第三章 创法西斯:建党夺权,「向罗马进军」

·第四章·

独裁专政：对内镇压，让一切权力都归法西斯

第一节
奉行极权主义，凡是反对都要镇压

声势浩大的法西斯战争落下帷幕，胜利成果也已经顺利地被墨索里尼摘取，他达到了自己夺权的目标。可是当时，墨索里尼和法西斯党面对的问题非常多，甚至可以说，墨索里尼夺取的是一个烂摊子：财务拮据，赤字无数，民不聊生，社会状况可说是满目疮痍，再加上政治形势的不断动荡，各种反法西斯势力有如雨后春笋般的丛生，并彼此之间相互联合，集结于罗马，并默默地等待一场让他们复活的春雨。

当时的一些有识之士，也开始公然在国会以及各种公共媒体上公开地批评法西斯种种恶劣的行为；一群有着保守思想的法西斯党员和一些温和派的社会党员开始共同图谋将墨索里尼的统治推翻；法西斯内部另一批走极端的不法之徒又在不断地制造混乱消灭反对派，让法西斯党可以独霸政权。

在这一时期，意大利许多大城市频繁地发生违法的恐怖事件，寻仇的、维护腐败行为的、法西斯党内派系争斗的，各种原因，不一而足。最为严重的一起事件发生在都灵：一支法西斯的执法队无法无天地杀害了许多人，警察也不加制止，甚至事后也不认真核查。墨索里尼不想过分追究自己党内的不法之徒，他甚至私下表示，不论他在公开场合如何表现，他真实的态度还是希望执法队能够继续制造恐怖——他这样说是因为害怕极端的党徒以为他的心变软了，态度也发生了转向。

面对混乱的状况，墨索里尼的心里是慌乱的，寝食难安。他知道，他的信念与事业是否成功便在此一举了。如果一步走错，也许自己就将功败垂成，之前的努力都将付之流水。

他思前想后，最终决定采取刚柔并济的方式，一方面怀柔，对于监禁着的人犯实行大赦，用来造成一种虚假和平的局面。他在几天后公布了赦免令，替千余名犯有政治违法行为的法西斯党徒公然开了绿灯。这些罪犯有很大一部分在出狱后又转化为新的武装力量，帮助墨索里尼实施"第二次"暴力行动。

为了安抚人心，墨索里尼还表示，所有为了法西斯事业受伤的学生可以不用经过考试就拿到学位，内战中死亡的法西斯党员享有烈士待遇。

与此同时，为强化自己的独裁和专政，大胆施政，墨索里尼将原本已经和正要解散的法西斯黑衫军进行改编，以"国家保安志愿民团"的形式重新出现，除了维持所谓的治安之外，也是国防军的一个强大的后备军。这个国家保安志愿民团大多数是由具有实战经验的旧军队和过去寻衅斗殴的流氓打手组成，具有很强的战斗力。

在这样一支"保安民团"组成了以后，墨索里尼就开始剑拔弩张地叫嚣起来，他说："决心以暴力对付暴力，对一切骚乱破坏，誓将彻底扑灭。"同时，他仍然不满足于这样一支武装，又开始着手改编统一警察部队。

曾经，意大利有三支警察部队，其一是普通的警察，其二是皇家警备军，其三是政府御卫队。

在法西斯夺权之后，他们首先解散了前首相组建的御卫队，而后把皇家警备军与普通的警察合并在一起，统属于法西斯党魁的麾下，为他们所指挥与调遣。

同时，为了维护治安，法西斯政府明令取消了一切秘密社团，防止他们私下串联，对法西斯的统治造成妨碍。

政治家的一切手段都不外乎明修栈道，暗度陈仓。

墨索里尼在声称恢复法制与秩序的同时，暗中资助许多违法活动。在他的安排下，大量犯下罪行的法西斯党徒都逃离了审判，任何违法事件只要涉及墨索里尼就不能被提及。墨索里尼经常直接给民团机构或者军官下令对某人进行"抽打""打击""除掉"。

通过暴力取得政权的墨索里尼无法不认为实施恐怖统治对巩固政权有着很大的好处。议会中的反对派遭到杀害或毒打，受到民团攻击的人们只能打落牙齿和血吞。墨索里尼甚至出资建立了惩戒分队，对党内的叛徒予以长久地打击和消灭。

暴力与腐败始终是联系在一起的，1922年10月28日之后，法西斯党开始有大量的新成员涌入，这些人中有大量的不良分子，想要借机在政府中谋取一官半职。那些曾经清贫的法西斯党领导者在短短的几年间就已经家财万贯，他们的致富，无一不与他们轻忽法律的行事作风有关。在外界看来，入党的最重要目标就是发财。墨索里尼也曾经一番装模作样地制止贪污，但由于他不愿意制裁某些人，甚至反而想要袒护某些人，结果，他的这一番"努力"自然也就没有什么成果。

墨索里尼承认，法西斯党内有大量品格败坏的上层，但是他是想利用他们对反对派进行威胁，同时将他们的不法行为作为把柄握在手中。这些人无疑是最好控制的一群人。

法西斯的一些领导人对于新党员的涌入显得不满，他们害怕墨索里尼逐渐加强个人独裁，慢慢剥夺他们的权力。因而，在初期，这些领导者与墨索里尼颇有过一番较量。在较量的过程中，有些人一度觉得墨索里尼已经屈从于来自党内的压力,失去自主权了。但身经百战的墨索里尼当然不会这么轻易地将权力拱手相让。他考虑过许多方式,甚至于想要解散法西斯党,目的只是为了寻求一个让自己获得更广泛支持的方式。

为了最大限度地让自己的权力不断扩充,墨索里尼常常刻意挑起各派间的矛盾。他在内阁中设立了一个与党的执行委员会平行的机构,用来限制执委会的影响力。他还组织了一个参议会,这个参议会不出所料的全然由法西斯党徒和阁员组成,在墨索里尼的指挥之下,负责各类报告的起草,文件的撰写和决议的提出,然后将这些交给国会讨论并通过执行。这是一个凌驾在议会之上的组织,是国会实际上的领导者。国会必须要接受参议会的建议并且按照其提出的一系列程序与命令进行他们的工作。之后,这个参议会又进一步发展演变,成为法西斯意大利的立法机关。

1923年初,墨索里尼宣布法西斯党与国家主义党合并。这次合并,也是墨索里尼用来削弱法西斯党内部元老势力的一个手段。他表示,这是"一桩非常实惠的婚姻,纯属由于国内政治原因所采取的策略性措施"。

之所以选择国家主义党,是因为,墨索里尼认为,该党有着更广泛的组织基础,且能人比较多,有许多有思想并可以代表国家利益的成员。这些人与他一样,仇视自由主义,保守,认同君主制,拥护教权。这一合并意味着政策的一次巨大转向,有些法西斯党员对此并不认同。他们警告墨索里尼,国家主义党可能比他更有能力,合作之后,不知道会是谁吃掉谁。但墨索里尼对此不以为意,他相信自己能使联盟中的各个派别保持一定的平衡。

与和国家主义党的联合相似,墨索里尼与天主教保守派的联合也是一次基于利益的合作。墨索里尼敏锐地看到了取悦梵蒂冈,并消去教廷猜忌的好处:第一,大部分意大利人都信奉天主教;第二,他可以借助教皇的力量分裂议会里的第二大党天主教人民党。他公开宣布自己放弃了年轻时的无神论观点和早期反教权的各种主张,让媒体相信,他是笃信上帝的。他竭力伪装成一个虔诚天主教徒的形象。教皇和红衣主教虽然对墨索里尼的说法略感疑虑，但也承认天主教与法西斯合作起来要比和自由党容易。墨索里尼大方地给牧师主教加薪，在中学、大学开设宗教课程，让梵蒂冈非常满意。教皇也命令积极从事政治活动的天主教徒领袖唐·斯图佐神父离开意大利，使得人民党失去了这个敢于与政权对抗的伙伴，元气大伤。

此外，墨索里尼在上任后依然没有放松对媒体的把控。他决定改变报刊出版的制度，以防别人走他的成功之路。在还没上台的时候，他曾经极力指责新闻检查制度的可耻，而作为独裁者，新闻检查成了他手中的稻草。因为依靠报纸起家的墨索里尼深知，掌控报纸的人是多么危险。1922年10月，墨索里尼趁着人们还没有搞清这个状况，甚至还不知道他对异端有怎样的镇压时开始了对报馆的扫荡。他甚至不需要以官方的身份对报馆进行查禁，只要派出他的战斗队，就能将一间间报馆横冲直撞地击毁。在他的不断骚扰下，《世纪报》因为财政困难被法西斯正式接管；《意大利日报》编辑不断受到恐吓，纷纷辞职。大量的自由党编辑因不愿辞职而身陷囹圄。反而《卡里诺雷斯托报》获得了补助，成了法西斯的平台。但是大量的法西斯报纸内容空洞、虚假，几乎没有人会购买阅读。在沉默的大多数中，一群无声的力量对墨索里尼的行为采取着不甚赞同的态度。

1922年11月，《意大利人民报》交由墨索里尼的弟弟阿纳尔多主办，但主办人的更换仍然没能改变这份报纸的不堪入目，这份大报其读者还不及小报《晚邮报》的十分之一。

所有的报纸都被严密地监控着。每天都有源源不断的报纸送入墨索里尼的办公室。他常常吹嘘，自己对于报纸的阅读有助于自己了解人民的思想动向。可他忘记了，已经有越来越多的报纸内容是他自己和他的帮凶在办公室里胡编乱造出来的，根本不具有可信性。

第二节
马泰奥蒂危机——与反对派的角力

墨索里尼始终渴望着对权力的全然掌握，因而他控制国会的野心始终没有熄灭。在所谓的议会立法问题被解决了之后，墨索里尼终于决定解散国会，并宣布1924年4月6日进行一次大选。这是一次一反常规的选举，它的一切流程都在法西斯的领导与操控之下进行。为了能够掩人耳目，法西斯的参议会提前提出了候选人的名单。名单上有列出前内阁总理奥兰多和前议长德尼古拉，但更多的是由参议会选出的新人，实际上，这些人包括了二百余名加入法西斯的军官。

在一切事务都处理得差不多后，墨索里尼就离开了罗马，去米兰亲身坐镇，来指挥这场属于法西斯党的选举。

法西斯党徒们都非常积极，他们在全国的各个地区使出各种手段强拉选票。但即使如此，在全国五百万的选民之中，仍然有二百万人投下了反对票。然而不论如何，多数票还是投给了法西斯，对于法西斯而言，他们的确是获得了一次"前所未有的伟大胜利"。

在一片阴郁的气氛之中，第27届国会开幕了。这次会议可以说是一

法西斯狂徒 · faxisikuangtu · 墨索里尼 · mosuolini ·

马泰奥蒂——墨索里尼的主要政敌

个特别的会议，它的特别之处在于，这次会议中，实际上并无革命党和进步人士的参加。总而言之，这次国会完完全全就是一次法西斯的代表大会。

此后，法西斯党徒终于轻易将国会控制在股掌之间。他们疯狂地压迫革命党和许多进步人士，并加强了秘密的暗杀行动。在1924年国会上，曾有一位社会党议员马泰奥蒂愤怒批评了法西斯的种种暴行和他们在选举中的欺诈行为。他提出，应该宣布这次选举的无效。然后用一句预言结束了他的讲话："现在准备给我送葬吧。"

1926年10月，在独裁统治中越来越如鱼得水的墨索里尼颁布了取缔反对法西斯主义者的法令，同时他宣布，除了法西斯的党团之外，其他所有的政党和政治团体都应该被禁止。作为共产党领袖的安东尼·葛兰西和许多其他在各个政治团体中活跃并起到领导作用的活动家，还有许多工人都被投入狱中，或者被流放至荒无人烟的岛屿。大量的革命党人士被一步一步地控制。

墨索里尼的独裁统治如同漫天烟雾，在法西斯上空盘旋不休，人民被压制，却毫无办法。

一、法西斯式备选——暴力与金钱的竞选舞台

墨索里尼对于议会政治的厌恶从未掩饰过，但是由于自身力量的不足，他很清楚，想要通过修宪改变这一切，时机还远远未到。与自己的理想还远远不足，但与前几任意大利首相相比，墨索里尼的处境算是相当好了，至少，他在议会中获得的信任票远高于那些人，议会虽然对他有所掣肘，但这种掣肘也是非常有限的。

与此同时，在法西斯党内并不稳定的状况下，墨索里尼也希望可以通过议会控制并抵销党内的一些强硬派势力。他明白，要把国家握在手里，首先要让法西斯彻彻底底地听命于他。因而，在他当权之后，他并没有立刻举行大选，增加法西斯议员在议会中的人数。许多人对此深表好奇，因为他们认为，只要有这样一次选举，法西斯必然会大获全胜。但墨索里尼曾经吃过亏，他对于法西斯的胜率并不十分自信。他吸取以前的教训，在大选之前，决定要进行一番严密的筹备。

这场选举的结果对于墨索里尼而言极为重要，并且很是微妙。如果法西斯取得微弱的胜利，那么对于法西斯未来的统治将会十分不妙；然而若得到太过压倒性的胜利，他在权力的把控上可以施展的手腕就少了很多。

墨索里尼是个控制欲极强的人，他希望一切事情都能按照他的安排进行。

当时的一位议员曾经表示，墨索里尼仿佛习得了催眠术，使得当时的上下两院对他极为顺从。甚至授予了他长达一年的紧急情况处置权，更于1923年7月对他提出的选举法修改建议欣然赞同。

墨索里尼对于选举法的修改自然是有利于法西斯的。根据他的建议，任何党派只要能够获得四分之一的选票，就可以在议会中取得三分之二的议席。正是这项改革力保法西斯党在意大利的长期执政。

然而当时还有一个现实的状况，就是法西斯党与国家主义党合并之后，在下院仅仅47名议员，有可能无法取得可以通过这项法案的票数。对此，墨索里尼并不担忧，他采用了一贯的手法，明暗皆用，软硬兼施，表示若此提案不能通过，就将废除议会提上日程。

议员们很快意识到，只有被墨索里尼认同，他们才有未来可言。于是全部屈服于墨索里尼的威压。在表决的当日，为了能够让一切顺利、万无一失，在议会辩论的时候，所有的出入口都被武装的法西斯党徒守着，旁听席上的战斗队员把玩着手里的武器。

投票的结果毫无意外。在这样一个以非法西斯党议席占优的议会里，一项结束议会制的法西斯法律被通过了。

但此时的墨索里尼并没有很快放松下来。使得议员顺从的同时，他还要控制各省的法西斯激进派。他一方面需要激进派，需要他们到处去威胁他的反对者。即使有时他以一个温和派的面目出现在公众面前，但从内心深处来说，他对激进派更有亲近感。但另一方面，他也害怕激进派，担忧他们疏远中间派舆论。

激进派中的罗伯托·法里纳契是法西斯众多头目里最为危险的人，墨索里尼对他颇有忌惮。据说，在他的领地克雷莫纳省，他的势力甚至远超过墨索里尼。此人笃信政治暴力，时常对中央政府造成威胁。他以抄袭他人博士论文发迹，是一名执业律师，有着很高的收入。抄袭的行为在法西斯的法律里是要坐牢的，墨索里尼正是靠着掌握这个把柄，将这个他又鄙夷又害怕但又颇为依赖的"伙伴"控制在手中。

墨索里尼的政治手腕主要体现在他党内外实行的分而治之政策。在1923年的绝大多数时间中，他看似支持党内的温和派，也就是对于激进派的一系列作为抱持怀疑的折中者，但激进派始终是他能够将权力掌握在手中的重要砝码。他一边利用温和派，维持着内部的稳定。但当一切获得成功后，他又会恢复自己的本心，毫不犹豫地站在激进派那边。

墨索里尼是个强硬的人，他讨厌一切不左不右的折中。在他心中，法西斯主义是不能与暴力与恐怖分开的，失去这两点的法西斯将不再是法西斯，至少不会有现在的成功。若有需要，法西斯的党徒应该随时做好杀人与被杀的准备。

墨索里尼在党内外实施的一系列威吓与贿赂手法十分有效，他逐渐羽翼丰满，已经不需要议会来批准他的特别权力。自从接受了选举修正案之后，议会对于他已然可有可无。大概十个月才开了一次会。他甚至开始对于选举产生轻蔑，对于那毫无悬念的游戏失去了兴趣。他此刻的权威完全来自于法西斯的武力，他甚至不想再举行选举。不管选举结果如何，他都不太在乎了，即便对他不利的结果出现，他也可以撕破脸使用暴力，这对他而言反而是更有意义的手段。

不过，在实际操作上，墨索里尼对于大选的准备已经算得上是非常充分了。大量反对派的刊物被销毁或封口，半数在选举中产生的省议会与县议会被强行解散，那些以往不可靠的选区的选举组织权，也都落在了法西斯手中。

如墨索里尼所预料的，一切违法的勾当只要温水煮青蛙，慢慢推进，公众就不会有太过强烈的反弹。

此外，墨索里尼还大谈意大利的国际地位，以期使法西斯主义在选举中的吸引力更强。他表示，牺牲其他的衰败民族，扩大国家版图是意大利的权利。从1919年《凡尔赛和约》签订后，墨索里尼一直提到"修正主义"，也即修正《凡尔赛和约》，继续向外扩张。墨索里尼对于《凡尔赛和约》一直以来都颇多抱怨，觉得意大利所得不够多。因而，他甫一上任，就开始支持马耳他和科西嘉的自治运动。

1923年7月，他开始着手准备第一次的对外作战，试图让法西斯的权威被世界认同。他开始炮制在希腊科孚岛登陆的计划。然而他的计划混乱匆忙，并且贸然轰炸，使得许多无辜儿童被炸死，导致世界舆论大哗，墨索里尼成为众矢之的。但这正是墨索里尼想要的，在一波国际的抗议浪潮过后，他又下达命令，让意大利海军着手准备与英国开战。这一举动令海军也非常意外。墨索里尼表示，他对于伦敦新闻界公然与意大利叫板十分不满，他会以行动让他们为此感到后悔。

墨索里尼的疯狂与神经质让国外开始担心，他的种种作为是否会给欧洲带来更大的混乱。对于国外这样的声音，墨索里尼沾沾自喜，而国内对他种种强势的作为也颇为支持。墨索里尼从此认定：铤而走险的外交政策是法西斯与非法西斯都很欢迎的，并且对于权威的巩固有着正面意义。

意大利的许多评论认为墨索里尼的行动提高了意大利的威望，一些保守派虽然保留态度，但在总体上也不反对。外国的观察家在看到墨索里尼受到这样普遍的支持的情况下，态度也发生了转变。

1924年春天的选举将法西斯受到的普遍支持落到了实处。三千多人申请作为法西斯党的候选人报名，因为这样可以保证在议会大选中十拿九稳。形势如此之好，却没有让墨索里尼感到开心。相反，看到这些人抢着要到他所厌恶的议会里工作，令墨索里尼觉得恶心。但成为议员这件事即使在法西斯的党员之中，也是人人追求的目的。毕竟议员有着很多的特权和现实利益。

墨索里尼一边装作对于选举毫不在意，一边逐个审阅候选名单，保证大多议员由他内定。他的安排非常妥帖，为了让这份名单更为合理，他还在名单中包括了一些自由党员以及保守的天主教徒。最后的选举结果，法西斯党徒200人，其他党员一共150人，甚至还有社会党员包含在内。

这份看似包容，代表着联合的名单，其实完全出自于墨索里尼的精心操作之下，是他推行自己绝对统治的一件利器。

二、"反对者死"：杀害马泰奥蒂

1924年3月，竞选活动开展得热火朝天。墨索里尼有条不紊地安排着对于反对派的压制。他指示地方政府干涉反对派的竞选会议，试图阻止或者减少他们对于政府的批评。他的手段非常传统，就是向地方官员封官，许诺他们更大的权力。他冠冕堂皇地说不愿使用无谓的暴力，但这一阶段，公开的武力袭击活动却数量大增——这一切都在墨索里尼的计划之中。

意大利的许多选区都被恐怖的氛围笼罩，法西斯们非常明白，想要获得他们理想中的胜利，暴力是必需的手段。这种暴力不仅是对外的，如果偶有具有反抗意识的法西斯党员轻忽了党的纪律，或者对法西斯的暴行表现出不满，那么他所遭受到的迫害也是非常残酷的。曾经就有几名持不同意见的法西斯党员被人在光天化日之下殴打至几乎丧命。

墨索里尼对此是很赞赏的。他明确地表示，对于叛徒，就要使用最狠绝的方式。

除了大量的暴力手段，这次选举之中，弄虚作假的现象也非常多见，甚至可说是肆无忌惮的。包括没收反对派的选举证分发给法西斯党徒反复使用，破坏选举规则，将文盲与死者的名字列入选举人名单，销毁反对派候选人选票，伪造选举结果。

这一系列的行径可以看出，法西斯对于选举的控制是随心所欲的。

选举之后对于民间声音的控制也是墨索里尼在意的。不管他干着什么样的勾当，他一向都非常在意名声的清白。于是，他又命令惩戒分队，在反对派的地盘采取行动。《晚邮报》在选举中的中立使得米兰的反对派得票较多，选举后，他们的办公室就遭到了无情的袭击。

有些温和的法西斯党员试图阻止这种有害于名声的暴力，但墨索里尼冷漠地喝止了他们，他解释道："人们的敬重只给令他们胆战心惊的人。"

为了让恐怖气氛不断渲染，一伙亡命之徒以"袭击队"的名义被集结起来。他们被专门用来对付一些反对派议员。他们最大的目标是议员中最出色的反对派领袖贾科莫·马泰奥蒂。

法西斯在几个星期之后杀害了马泰奥蒂，并将之伪装为一次意外事故。这次罪行所引起的一系列哗变是墨索里尼政权在1943年之前所遭遇的离垮台最近的一次危机。

法西斯狂徒 墨索里尼

马泰奥蒂被法西斯盯上是因为他在公开场合宣布选举无效，对墨索里尼的一些政策做出挑衅性的回应。5月30日，墨索里尼无耻地要求议会通过几千项法律，并且对许多选举中非法的指控以无视处之。对于他这种光明正大的无耻行径，马泰奥蒂当即发出了自己的反驳。在反驳中，这个社会党的领袖详细披露了法西斯是怎样利用欺骗与暴力的手段夺取胜利的事实。他的讲话被无数的怒吼与狂呼打断，但他毫不在意地说完了自己的意见。场边的墨索里尼对此极端恼怒，直接声称：如果投票的结果不合他的意，他也根本不会接受。

事实上，法西斯的打手已经多次袭击马泰奥蒂，墨索里尼的报纸也发出威胁，表示若马泰奥蒂不知轻重地继续发表这些愚蠢的讲话，他就会遭到更严酷的打击。这位社会党领袖对此十分轻蔑，在和他的英国朋友交流时，他表示，只要能让世界了解法西斯主义是怎样依靠恐怖的手段和腐败的制度统治意大利，那付出生命又算什么呢？

有马泰奥蒂这样一个深孚众望的领袖提出的指控无疑会引起人们的关注，关注之后，各种讨论和怀疑就不断发酵，法西斯党费尽心机得到的公众支持就大打折扣。更让墨索里尼愤怒而不安的是，马泰奥蒂根据法西斯党员提供的证据准备了大量记录法西斯分子暴行的案卷，这些材料通过他的朋友，将在比利时和英国被翻译成外语，广泛发行。

墨索里尼当然不能接受这样的事情发生。他公然号召他的党徒采取更加有效的暴力行动，牢牢地堵住马泰奥蒂那张可恶的嘴。在他的暗示之下，法西斯民团的极端分子们将很快采取行动，对马泰奥蒂进行惩戒。

6月，在马泰奥蒂被杀的前几天，黑衫军又袭击了几个议员，让他们不要再批评政府。至此，法西斯连一点儿议会辩论严肃性的虚假伪装也不再保留，法西斯使上了所有阴险的手段。

6月7日，墨索里尼尽量摆低姿态，作了一次温和的演讲。演讲上，他低沉表示，希望议会可以支持他。但转眼间，6月9日，他就开始要求袭击队有所行动，证明其存在意义。

6月10日，马泰奥蒂被害。

杀人者杜米尼和沃尔皮将痕迹掩藏得天衣无缝。他们在向墨索里尼报告这件事的时候，显得非常镇定，他们深知，这件事的发生正是墨索里尼所期望的，甚至可以说，他们的这一行为，就是来自墨索里尼的暗中授意。

6月11日，墨索里尼否认有谋杀罪行发生，甚至连他的贴身副官都不知道到底是怎么回事。他指使手下散播马泰奥蒂逃往外国的消息。在公开场合里，他对于这件事表现得漫不经心，暗地中，下令将一切证据都销毁，特别是那辆曾经运送了马泰奥蒂尸体的汽车。此外，他还嘱咐手下的人尽量把水搅浑，一切以保他为重，否则他完了，大家就要一起完蛋。

6月12日，墨索里尼得知了一个非常糟糕的消息，一个门卫提供了杜米尼等人使用汽车的牌照号码，并指出这辆车连续几日都在马泰奥蒂住所附近鬼鬼祟祟地守候。这下，也许很快就会追查到杜米尼。而杜米尼与墨索里尼走得近是众所周知的事情。这件事还是不可制止地蔓延到了墨索里尼的身上。

这件事的发生让墨索里尼惊慌失措，连政府工作都因此处于瘫痪。他不得不承认，那个时候，如果有几个人坚定地动员群众舆论，发起一次暴动，也许真的就可以将法西斯赶下台了。然而，因为法西斯长久以来的暴力统治，没有人敢率先发难，毕竟马泰奥蒂的死就在眼前，大多数人面对武力，什么都不敢说。

在多年后，谈起这次危机，墨索里尼表示，杀害马泰奥蒂后的一段时间是他一生最最难熬的一段日子。马泰奥蒂是他政治生涯中最可怕的一名政敌，是他永远也不愿再提起的人。

三、恢复声誉——墨索里尼的政治手腕

在谋杀事件后的半年时间里，墨索里尼有一段低潮。当时的社会舆

论对他抱持着反对态度，如果反对派的手段再高明一些，他就必败无疑。当时的法西斯报纸销量仅有《晚邮报》的二十分之一，几乎失去了舆论导向的能力。而如果一个有着谋杀嫌疑的领袖被推翻，大部分的法西斯党员也应该不会难受，特别是有一部分温和派的党员，对于墨索里尼的做法非常地不赞同。法西斯主义一度几乎是走到了穷途末路，它的名字就代表着血腥和暴行。作为内务大臣的墨索里尼没有阻止过各种暴行的发生，也从来不为受害者主持正义，他的下属中有大量的人有着犯法行为，与政治谋杀案牵扯不断，他曾经许诺的关于恢复法制、整顿秩序并建立高效政府都成了无着无落的空话。

为了应付民众的抗议，墨索里尼虽然自己不辞职，但是强迫其他的法西斯党徒辞职，希望以此来减少群众的抗议。他打算重新组成一个政府，但绝不改变自己在其中的地位，他给出的原因是，他有30万法西斯民团的刀枪作为后盾，这支由暴徒组成的军队只听他一个人的指挥。

不得不说的是，在当时的政界，也找不出一个有才干的人来接替墨索里尼了，也没有一个如马泰奥蒂那样有威望与胆气的人敢于直接反对墨索里尼。墨索里尼通过阻止议会的召开使得反对派丢失了进行抗议演讲的平台，而关于如何进行反抗，反对派的内部也有着很大的分歧。

社会党和人民党议员借此退出议会表达自己的抗议，自由党中的保守派也跟着退出。但自由党中的另一派却不满他们的这种做法，他们想要给法西斯一次申辩的机会。自由党内部的分裂让墨索里尼重新对他未来的道路有了信心。梵蒂冈方面也对墨索里尼表示出了一定的支持。原本教皇觉得，墨索里尼对于马泰奥蒂的死应该负有一定的责任，但事到如今，也是不便再追究，因为教廷不希望宣扬不可知论的自由党上台，更不想和社会党人结盟。

6月24日，上院发生的一次辩论使得墨索里尼胜率大增。法西斯党从执政开始，墨索里尼就只派了29人参与上院，但在398票之中，只有

21票反对墨索里尼。这样的投票结果意味着，在上院之中，墨索里尼的支持率还是很高的。

然而，虽然在党外获得了许多支持，但是法西斯党内却发生了很大变动，很多温和的理想主义者开始退党，他们无法理解他们为何要承担墨索里尼个人的罪行。

在这样的状况下，墨索里尼开始使用惯用的伎俩，一面在内阁大臣们面前装作支持自由党，一面在党内的激进派面前反对自由党。他非常了解人心，知道人们往往只选择他们愿意相信的部分相信。当然，在这两派之中，他对于党内的激进分子更为倚重。为了讨得激进派喜欢，他提出了"新闻法"，将所有的报纸置于政府的管制之下，这种违宪的手段被他以制约极左派的理由搪塞了过去。

8月，法西斯党召开全国会议，墨索里尼坚定地站在激进的暴力者中，他反复表示，残忍的手段是统治中必不可少的环节，只要不断使用之，百姓对于暴力也就会司空见惯。有法西斯党徒后来表示，他们可以证明，墨索里尼还再度提起了暗杀反对派领袖的计划，只因为后来找到了取代的方式而改变了计划。

11月，墨索里尼将两面派的手段玩得出神入化，他一方面发表演讲暗示自己即将放弃激进主义，将在未来执政的过程中将"自由""和平"带给社会；转过头数小时后，他又向记者私下表示，自己打算取消议会，实行独裁，他会让法西斯军队采取行动，使反对派无声无息地消失。这段发言被公开后，他又急忙加以否认。

如此一来二去，自由党开始意识到墨索里尼的不可信任，自由党的一位领袖焦利蒂说，他在外交政策上会继续支持墨索里尼，但是国内事务上，他认为，法西斯主义剥夺意大利人的自由，取消了宪法规定的一系列制度，损害了意大利的威望。法西斯主义的统治，其实就是一种棍棒统治。

法西斯狂徒 墨索里尼

12月，国际联盟理事会开会，外国记者聚集到了罗马。墨索里尼在这种状况下才稍微约束了法西斯军队的暴力行为。他的约束也表现了他对这支军队的绝对控制。他一方面暂停了暴力活动，一方面在暗中开始策划一次彻底的政变，打算把议会这个陈旧的糟粕彻底地从意大利清除出去。他在公开场合的表现依然温和，说自己反对任何独裁的主张，若国王需要他辞职，他会随时照办。但他同样警告批判他的人，如果法西斯统治结束，即将迎来的可能是共产主义的统治。

同月，虽然上院支持墨索里尼的仍占多数，但是已经开始有反对派议员出言指责墨索里尼，提起他与谋杀马泰奥蒂事件间的联系，还有人披露了议会副议长弗朗契斯科·朱恩塔写的文件，说他是依照墨索里尼的要求让法西斯军队对某个议员采取了暴力行动。面对这些情况，墨索里尼起先是为朱恩塔辩护，后来又逼迫他递交辞呈。这些应对方式引起了法西斯内部对他的种种不满，法西斯政府一时之间摇摇欲坠。

到1924年年底之前，反对派们都认为，这次墨索里尼必定会垮台。在有些地区，法西斯的势力已经衰弱了，很多人都觉得，只要法西斯党的议员倒戈，就可以在议会中通过一条反对墨索里尼的议案，甚至最终可能导致整个法西斯党的崩解。

连番的背叛与指责声中，墨索里尼下台的谣言甚嚣尘上。1925年1月2日，自由党领袖对《泰晤士报》记者表示，墨索里尼已经完了。然而，人们不知道，此时的墨索里尼正在默默策划着一次绝地反击。

墨索里尼心中也非常急切，他认为，自己必须快点行动了，再这样下去，他的反对者会越来越多。也许未来，反对派又会揭发出他的更多罪行，到时再动作，很可能为时已晚。他的党徒，甚至国王都会开始怀疑他。在他们和自由党的联合政府中，保守的萨朗德拉派已经要退出这一联合了，他们的退出将会对全国舆论产生一次强烈的冲击。

墨索里尼的第一个行动是召集议会开会。他有信心此时仍然可以得到多数的支持。1月3日，他对议会表示，他将承担所有事的一切责任。但他矢口否认暗杀队的存在，他赞赏马泰奥蒂的勇气，同时愿意为他的被害负责。他说，若法西斯主义没有能使意大利复兴，反而成了国家的一场大乱，那么他愿意成为拨乱反正之人，而这一目的，只有通过个人独裁才能达到。

后来回忆起1925年1月3日的讲话，墨索里尼评价，这是法西斯统治中最有决定性意义的几件事之一。与过去一样，在讲话前，法西斯军队已经做了充足的准备，威胁反对者，禁止反对派报纸的销售。留在政府中的两名自由党员也提出辞职，虽然他们依然担心政府垮台后社会党人趁机取而代之。还有一名法西斯的内阁大臣也辞职了。即便状况如此不好，墨索里尼仍然感觉到，只要他可以掌握权力，那么这些投机者迟早还是会回到他的身边。

这一时期，前国家主义党人的支持对墨索里尼是很大的一个帮助。而同时，法西斯的武装力量也一直在进行大规模的恐吓运动，英国媒体在报道此事的时候，使用了"难以置信"这个词，在他们看来，这种行为竟然没能让墨索里尼被打击并退出政治舞台简直令人无法相信。

在国外媒体被墨索里尼的激进吓到的同时，法西斯激进派却又嫌弃墨索里尼太过温和。他们知道，墨索里尼还没有放弃拉拢国王和保守派的支持力量，他是想让激进与温和相互抵销，保持自己的至高无上。墨索里尼非常重视自己的中间立场，为了表现得公平，他甚至偶尔装模作样地没收几张法西斯党的报纸，但是相比对共产党《团结报》的十三天没收十一次的行为，只能说是小巫见大巫。在很多时候，作为他们联盟中一员的自由党报纸也遭受了许多限制。在墨索里尼的控制下，虽然法西斯报纸仍然无人问津，但其他党派的报纸更是销声匿迹，想看也看不到了。

在当时，如果国王做出一些积极的行动，法西斯或许也会难以应对。但是国王的态度却十分消极。在没有议会决定的前提下，若要推翻法西斯，国王就要再次违宪，但国王本人并没有此意愿。甚至在当时的政党之中，国王对于法西斯是格外青睐的，对于墨索里尼给予君主制的尊重十分欣赏。他对于法西斯抱有希望，认为他们会最终走回依法治国的正确道路。

1月3日，墨索里尼亲自接受一切"枪林弹雨"，让反对派对他进行弹劾。但墨索里尼这次依然是做做样子，议会的一切权力仍旧握在他手中，没有媒体和议会的支持，反对派对墨索里尼根本无可奈何。

关键时刻，大量随波逐流的自由党人又开始倒向墨索里尼，因为他们觉得，胜利的天平又倾向了墨索里尼的一边。

同时，墨索里尼坚定的反对派——社会党议员，仍旧拒绝出席。但是他们的这一作为并没有能警醒世人，反而让墨索里尼利用。他们的弃权将墨索里尼推上了独裁的宝座。

墨索里尼当时已经看得很明白了。批评者们的抗议永远都只停留于口头，在全国范围内，没有任何的武装反抗事件出现，他的政府的统治依然非常牢固。他对于立法机构彻底地不屑了，为了表达这种不屑，他开始大规模地提交法令，并勒令议员不加讨论地通过。

2月，墨索里尼任命法西斯党中最狂热的激进者法里纳契成为法西斯党书记。这是对反对派的嘲弄，也是对反对派的挑衅。

从此以后，更多的暴力，更多的血腥，更多的一党独大，以及绝对的独裁完完全全在意大利降临。

第三节
不得人心，遭遇几次刺杀

在墨索里尼大权在握，法西斯暴徒沸反盈天之时，1925年的2月，墨索里尼生了一场大病。不知为何，他的病情一直作为秘密被保守，只有少数人知道。人们只注意到，在40天内，墨索里尼从未踏出过房门一步。即使病情并无外泄，但这样的状况已经足以令法西斯党人非常焦虑了，一时之间，流言四起，许多极端分子更想趁此机会取而代之。与此相反，广大的人民和法西斯的反对派则十分开心，他们觉得，这个大魔王的末日终于要来了。

然而令他们失望的是，经过医生们精心的治疗，墨索里尼竟然闯过了这一关，并未被病魔打倒。3月底，在法西斯党成立六周年的纪念会之上，墨索里尼再一次出现在法西斯党徒的欢呼声里，他在山呼万岁的声音里简单而有力地说："子弹穿透了，墨索里尼还活着。现在我们前途光明了。"

墨索里尼的出现让法西斯分子又得意了起来，对于媒体和反对派的打击再次风生水起。

法西斯狂徒 墨索里尼

在马泰奥蒂被杀后,阿芒杜拉就成为墨索里尼的主要反对者,可想而知,他遭遇了来自法西斯的激烈打击,最后也被杀害了。反对派被接二连三地清除,媒体界也不甘其后。温和派记者皮埃罗·高贝蒂,被誉为意大利头脑最清醒、观察力最敏锐的记者,也受到了残酷的迫害。在遭受了一次毒打后,他没能挺住,失去了生命,而那时他仅仅24岁,如果能再成长下去,一定会成为意大利媒界的扛鼎之人。

这些罪行里到底有没有墨索里尼的直接指示一直是被严格保密的,也许有些迫害并不来自于他的直接授意,但是对于这些行动,他向来是在表面上不置可否,内心却默默赞同的。他有时非常矛盾,一方面他需要暴力为他铺平道路,另一方面听到法西斯被称作"犯罪集团",他又十分不快。

除了暴力之外,墨索里尼还有别的手段。为了避免《晚邮报》这个唯一在国外发行的意大利报纸将法西斯的恶行报道出去,他给《晚邮报》的产权人施压,使他们辞掉了报纸的主编。另有《新闻报》、《论坛报》、《意大利日报》的编辑,也在类似的压力下纷纷辞职,这四份报纸,最后都由墨索里尼精心选择的法西斯党徒担任编辑。

曾经,墨索里尼在新闻业里谋生的时期,他强烈地抨击着新闻检查制度,认为这个制度破坏了新闻人的报道自由。可是,当他成为真正的掌权者,以一个统治者的角度来看报道自由时,采取的却是更严苛的新闻检查制度,甚至为此出台了新的出版法。

不同于对国内报纸的粗暴政策,对于外国的报纸,墨索里尼采取隐瞒的态度。他向《泰晤士报》写信表明自己对于自由的拥护,并保证他的政策是受到意大利人的欢迎的。但还是不免有一些国外记者在自己的观察过后,报道出他们看到的真相。为此,墨索里尼专门设立了一个机构来恐吓外国记者,甚至也会实施人身攻击。

有刀子自然也会有蜜糖,那些"听话"的外国记者,可以从他的政府处得到优先的消息，还可以享受很好的招待，甚至还会有数额不低的贿赂。

通过这些威逼利诱，墨索里尼把他的暴虐行径一一隐瞒，还使国外很多人对于他拯救欧洲免遭布尔什维克主义的祸害和法西斯主义学说的哲学价值信以为真。

作为一个专业的新闻人，他对于传媒的利用做出了十分成功的宣传，他的统治也因此更加稳固。

当然，墨索里尼的种种作为并非没有引起反弹和攻击。

他曾在复出时高呼："子弹穿透了，墨索里尼还活着。现在我们前途光明了。"仿佛一语成谶，就在这次讲话过去之后的不久，子弹真的来了。

在庆祝战胜日的那天，一个叫作日尼邦尼的刺杀者，在法西斯将领卡佩洛的支持之下，以一支奥地利来复枪打算刺杀墨索里尼。可这一次谋杀还未来得及开始就已经流产。在动手的一小时前，秘密警察就已经逮捕了他。

第二次则没有第一次那么平静，甚至可以说是惊险的。1926年4月，当墨索里尼去参加国际医药大会之时，一个英国妇女平静地走近了他的汽车，并开枪射击。子弹险险地穿过他的鼻孔，却只划破了一层油皮，只要墨索里尼的头再往前伸一点儿，这就会是一次成功的刺杀。这件事发生后，墨索里尼没有管自己鼻子上的伤口，他奔至全意军官会上，暴躁地吼道："假如我向前，你们要跟随我；假如我后退，你们就杀死我；如果我被刺杀了，你们就替我复仇！"

第三次的谋杀更加凶险了。这次的谋杀者是一个刚刚从法国回来的名为卢切蒂的爱国者，他爱着那个曾经的意大利，对将意大利变得残暴、血腥的法西斯和墨索里尼怀着无法化解的仇恨。他身怀炸弹潜伏于波达皮亚，整整等了墨索里尼八天，在墨索里尼的车到巴拉若其日时，他将炸弹扔出，可惜墨索里尼又一次幸运地逃过了劫难——炸弹炸毁了车的一角，却没能杀死墨索里尼。

第四次的谋杀发生在 1926 年 10 月 31 日。那一天,墨索里尼住在波伦亚,正当他接受致敬之时,一个拿枪男子上前向他开了一枪,而这次,子弹仅仅划破了他的衣服,连他的皮毛都没有伤到。又一次,墨索里尼幸运地逃离了一次灾难。

多次与死亡擦肩,墨索里尼理所当然地认为,冥冥之中,上帝也站在他的一边。他知道他还有更重要的使命要去完成。他也会更加努力地,让他首创的法西斯主义开出一朵覆盖世界的血色之花。

第四节
整顿清洗，让一切权力都归法西斯

这一时期的墨索里尼是春风得意的，他甚至不觉得自己需要在国际国内反法西斯的战线面前稍稍伪装出任何示弱的模样。这个阶段，他的统治越来越巩固了。可是，意大利的经济却越来越差了。

墨索里尼吹嘘自己年轻时代曾经是"经济学王子"巴莱多的学生，自认为有制定经济政策的能力，但事实上，他对于经济这门学科知之甚少，而意大利的专家们也心知肚明，意大利经济陷入如今的危局与他在经济上的无知有直接关系。

在墨索里尼执政的初期，意大利就已经债台高筑，他无法提出没收资本家财产的方式以支持国家财政运转，因为法西斯主义运动曾经获得许多富豪的慷慨资助，而法西斯正式上台后，依然需要这些人的支持。因而，他转向争取资本家的好感，以期望获得他们积极主动的支持。墨索里尼常常公开赞扬自由企业，声称要进一步发展社会中的不平等现象。这些话都让富豪们感到高兴。

但墨索里尼总是脚踩两只船，不是只抱住一条大腿，在偏向资本家们的同时，他又希望可以拉拢其他阶级的支持。因而他有时也会支持法西斯党中左派的观点：法西斯党实质上是属于无产阶级性质的政党，资产阶级是法西斯党的主要敌对力量。

对于墨索里尼的两面派做法，普通的百姓也许会被蛊惑，但富豪们的心思就没有这么简单了，他们知道，墨索里尼对他们的支持只是权宜之计。可即便如此，他们还是选择支持法西斯，因为与其他政党的统治相比，法西斯统治下的意大利对他们而言简直如天堂一般：很少有罢工，对于有钱人的征税明显削减，取消租金控制……在此基础上，他们的财富更加聚集了。

然而，即使获得了富豪们的资助，财政问题依然是墨索里尼的心头之症。他任用了法西斯政治经济学的博士德斯泰芬尼作为他的财政部长，目的是要解决当时最重要的财政拮据问题。墨索里尼想的自然不是要让人民过上好生活，财政在他眼里就是那串可恶的赤字，6000亿的赤字就像那群令他恶心的俄国赤佬，他必须要找到一个专家把这些东西处理掉。而德斯泰芬尼就是那个"专家"，他最擅长的就是裁减费用、遏制弊端、创造新财源。果然，在他的妙手之下——增税、发行公债——也就是两年而已，那堆赤字就被渐渐消除了。政府的收支平衡了，可社会经济却并没有增长。可想而知，所有的苦处都由人民担着。墨索里尼对此倒十分坦率。他说："在我们没有很多天然财富的基础上，我非常钦佩我国人民忍受重税压迫的能力。"

1926年，意大利财政结余了70亿里拉，看起来，意大利的经济总算是走出了危机。

对此，墨索里尼欣喜，但还没有忘形。为了能够加强对于经济的管理，让货币滥发现象被终止，法西斯政府还颁发了保护经济的政策条例。条例之中明确规定了，发行货币的权力只属于意大利的国家银行，并决定了要将当时流通的货币紧缩，减少2500亿货币的流通。

同时，法西斯为了缓和与工人之间不断增长的矛盾，让罢工的事件不再发生，减少各种游行与暴动，以政府的名义批准了八小时工作制和劳动保险，并对童工和女工进行限制。他们颁行了《劳动宪章》，把职业公会改成法西斯工团，同时提倡起劳资合作，努力发展生产并且效忠于国家。

由于《劳动宪章》的立法和法西斯工团的推行，资本家与工人，所有不论是劳心的还是劳力的，全部纳入法西斯的麾下，为法西斯国家生产，为它极端的侵略政策创造着物质基础。

在注重经济基础之余，墨索里尼还很注意对于学校的改革。如果经济是食物，那么军队就是吃食物的人，食物再好吃，喂给废物也是没有用的。墨索里尼将军队的扩张与学校的培养紧密地结合在一起。他表示，意大利的各级学校，尤其是高等学校，绝不能把学生造就成一种木偶似的所谓"自由艺术"的律师与医生，而要把他们培养成为勇于献身的以国家利益为最高利益的法西斯战士。为此，他在所有的学校都成立学生军或者巴里拉国民童子军，在学生间进行军事操练和关于国家纪律的训练。他认为，这些训练会使他们养成遵守纪律的习惯，并培养他们看问题的眼光，让他们不在乎蝇头小利，而将目光与法西斯一样放得长远，在许多国内外的重要问题中，让他们可以与法西斯政府保持一样的看法。

培养生力军的同时，墨索里尼也没有放弃直接的扩军备战，他一人身兼海陆空军的总长官，以意大利最高统帅的身份，让全国的全部部队都在他的调遣之下。

墨索里尼有着所有站在高位的统治者都有的问题——多疑。即使权力已经握在手中，他依然怀疑别人会对他不忠。于是，他不停地在法西斯党内进行反复整顿与清洗，对他有所疑虑的对象处理起来毫不容情，对那些不坚定的党员，执行力差没能很好完成任务的党员，或者是他觉得有野心想要谋篡的党员，都一律开除了党籍，将他们清扫出去。

法西斯狂徒 ·faxisikuangtu·

墨索里尼 ·mosuolini·

集党政军权于一身的墨索里尼

如此，经过四年时间的努力，在1925年的11月，意大利关于各项工作的改革全部完成，墨索里尼提出的"一切权力都归法西斯"的计划终于实现，墨索里尼成为集党政军权于一身的意大利第一人。

然而，墨索里尼的好景并不长。1929年，全世界范围内爆发了经济危机，意大利未能幸免，且是遭受冲击最大的一个欧洲国家。

从1929年到1932年，在危机开始的前三年里，意大利的工业生产疯狂减缩了33%，这是什么概念呢？也就是说，有近乎三分之一的工业从业者在这三年里失业了。但这个数字不是一个最小的量，也不是一个在慢慢减少的量。1930年年尾，根据统计，失业人数是65万人，而到了1931年末，一念之间，这个数字就已经迅速增长成了100万人。

危机不仅仅是工业。短短几年，危机还造成了几十万农户的破产，大量的农户在债务的压迫下失去了土地。

在整个经济危机的年代，由于现实生活的极度困窘，意大利群众关于反对法西斯盘剥和掠夺政策而举行的各种成规模的示威和农民们因为失去土地而不断掀起的暴动成了那个时代的标记。共产党在这些无产阶级的广泛活动中又一次焕发了生机，他们悄悄地集结在法西斯黑暗的统治之下，将合法斗争与非法斗争相结合，直接领导无产阶级劳动者们参加日常斗争以及各种能够形成影响的大规模暴动。

1934年8月17日，共产党与社会党签订了"一致行动"协定，在反法西斯的斗争中，站在了同一条战线上。

法西斯的统治在意大利境内再一次岌岌可危。墨索里尼很快意识到，不能够这样下去，他必须尽快转移矛盾。但是这又谈何容易呢？毕竟，经济的问题切实地体现在人民生活的分分秒秒，经济问题不能解决，人民过不上富足的生活，民愤民怨就格外容易被煽动，此时任何政治上的变动都不会比一餐一饭更牵动人民的思绪。

除了战争。好战的墨索里尼很快就想到，只有战争能改变眼下的状况。一旦战争开始，国内的矛盾必然被转移，比起是否能吃好喝好，人民更加关注是否能有一个基本安稳的生活环境。在战争打响后，人们比起在国内闹事，会更倾向一致对外。当前最大的内部矛盾就会被转移，然后逐步化解。

而且，一旦战争胜利，大量的战利品和战争赔偿也会缓解国内的经济问题。

既能解决矛盾，又能满足野心。对外侵略的辉煌前景就这样展开在墨索里尼眼前。

· 第五章 ·

殖民之路：对外侵略，
帝国主义野心昭彰

第一节
帝国主义野心膨胀，侵略魔爪伸向非洲

除了当时国内的现实状况要求，如同他自己所冀望的，他一直以来都渴望成为那个时代的新恺撒。他一向以恺撒的行为与功绩要求自己，帝国主义野心日益地膨胀，他希望自己可以在这个时代建立一个新罗马帝国，让地中海成为新罗马辖下之海。如此，他更加觊觎非洲的大片土地，企图入侵多瑙河流域和巴尔干地区。他的目光在地图上逡巡，他希望自己目光所及之处，都可以成为他的领域。

墨索里尼常常为自己的侵略寻找冠冕堂皇的理由。曾经，他振振有词地表示，意大利的人口太多，而自身的国土面积十分有限，所以非常有必要向殖民地进行移民，为了国民的幸福，其他的国家切割一点儿自己的利益也是理所应当的。而有趣的是，在另外的场合，他又在要求提高意大利的出生率，说意大利国土之广，还可以再容纳2000万人。

墨索里尼就是这样满口谎话地为他的扩张找理由。他始终认为，意大利应该要成为在地中海地区有着支配地位的国家，能与之抗衡的只有英法这种大国。他胸中的版图极广，一个个殖民主义的扩张计划一步步在他

心中成型。

在20世纪20年代，意大利整体陷在平定利比亚叛乱的殖民战争之中。这场战争的进行过程里，政府并没有格外声张。因为利比亚"叛军"的数量很小，人数上甚至不足1000人，但是意大利在平定过程中屡遭败绩，战争的进程非常慢。为了对付他们，政府动用了一支数量庞大的部队。仅仅就是为了这样一场小战争，意大利都承受了很重的负担，负责军事的将军们表示，若墨索里尼真的要进行帝国的扩张，那么财力和人力都是会让人十分头疼。

1929年，奉墨索里尼之命，巴多利奥元帅与利比亚爱国领导人签订停火条约，然而在意大利国内，利比亚被宣传为叛乱分子，对于这种宣传，利比亚领导人非常不满，战争再次爆发。这场战争之中，除了大肆破坏与招致仇恨，法西斯一无所得。他们在当地进行了残忍的、报复性的屠杀。然而在战后的报道中，人们听到的都是墨索里尼将文明带去未开化的土地、造福当地人之类，如此这般的虚假故事。

这一时期，意大利人不断扩大法西斯主义的影响。在英法美，法西斯主义精神也开始萌芽，并迅猛生长。对于当时的世界来说，这是当时意大利所贡献的主要出口产品。

1930年以后，意大利的官方宣传越来越开始倾向于对墨索里尼的个人崇拜，诸如，外国对墨索里尼充满敬佩，视他为欧洲的救世主，认为墨索里尼是全世界的领袖，英国群众对墨索里尼的独裁政治无比羡慕之类捏造的内容。当然，也有一些人真正敬佩墨索里尼，认为至少法西斯主义不及共产主义那么危险。比如温斯顿·丘吉尔。虽然私下里，丘吉尔对墨索里尼的代称都是"下流坯"这种贬义的词汇，但在公开的一些讲话中，却时常赞美墨索里尼的行动，认为他对于抵抗红色革命做出了很大贡献。

与丘吉尔恰相反，墨索里尼虽然常常在私下对丘吉尔表示赞赏，却从不公开表达。在他看来，没有什么人优秀到值得被他这样的伟人赞美。

当时的意大利新闻界弥漫着一种迷雾，名字就叫作"伟大的墨索里尼"。它让人民相信，世界舆论十分坚定地站在墨索里尼一边，人人都崇拜墨索里尼。出国的记者被命令编造假新闻，他们甚至从远东发去消息，说中国人全都非常佩服墨索里尼，然而实际上，那个时候的中国根本没人知道墨索里尼是谁。

那个时期，法西斯分子们坚持，要使意大利成为欧洲的轴心，就要挑起国际纠纷，并散布恐怖的气氛。也就是那时，一些欧洲国家外交官开始意识到墨索里尼已经成为威胁欧洲和平的主要危险人物。

墨索里尼一度想要挑拨德法之间的关系，他希望柏林政府是一个亲法西斯的政府。他曾偷偷协助德国重新进行武装，每每想到德国森严的军纪和精良的军队，他就十分羡慕，更感钦佩。

即便如此，在1933年之前，墨索里尼与德国纳粹主义之间的关系并不紧密。在向罗马进军之前，有过与纳粹的简单接触，因为这次接触，在之后希特勒组织向柏林进军时，墨索里尼应求，向纳粹提供了捐款。虽然有过这些接触，墨索里尼对于纳粹的这位领导却并无好感，他觉得希特勒不是一个正常人，对于他的自传更是嗤之以鼻。也因此，对于德国的一系列扩张行动，他也毫不紧张。打从心底里，他觉得希特勒成不了大事。

墨索里尼时常想要开展由他领导的国际法西斯主义运动，他觉得德国人应该会在其中扮演重要角色。特别是听说希特勒很钦佩他，并希望德国可以脱离民主靠向法西斯时，他更是得意非常。因为思想上的接近，他最后决定与德国结盟，因为这对于法西斯意大利而言，是成为主角的最佳途径。

于是，在希特勒掌权之前，他从金钱上支持纳粹竞选，并接受他们议员在意大利受训，甚至允许德国飞行员在意大利空军接受秘密训练。

1933年1月，纳粹终于掌权，墨索里尼与德国之间的关系因此更为亲密了起来。除了在利益角度，他们可以相互帮衬之外，意识形态上，他们二者之间也更加接近。纳粹上台之后，墨索里尼表示，希特勒的胜利就是我们的胜利。希特勒也回应了这份善意的示好。

这两个法西斯国家伸出彼此邪恶的触手，共同的贪婪信念让他们知道，彼此是未来血色之路上的同路人，他们会并肩让法西斯的邪恶之花越开越大。

身着戎装检阅军队的墨索里尼

希特勒和墨索里尼，这两个罪恶的花匠终于走到了一起。

在法西斯的定义之中，非洲人是劣等的民族，找到了"盟友"的墨索里尼急于在"盟友"面前自我表现，也希望可以抢在"盟友"之前尝到侵略的甜头，他很快制订了计划，准备向非洲大陆进发。而阿比西尼亚（今天的埃塞俄比亚）成了他眼里的第一个猎物。

阿比西尼亚是非洲东北部的一个内陆国家，拥有着十分丰富的自然资源。在夺取政权后一直进行军备扩张的墨索里尼眼中，这个国家是最好的开战之地，他希望可以以一战之力便将这个古老的国家据为己有，让它成为意大利帝国之路上一个踏脚石。

1934年夏季，大量的军用物资开始向非洲运送，同年10月，墨索里尼和法国领导人开始接触，要求法国默许意大利对非洲地区进行的一些渗透活动。毕竟，墨索里尼不能不在乎国际舆论。法西斯分子怀揣着罪恶的目的，开始在国际上活动，以期能得到一个恰当的理由，开始自己的殖民行动。

首先，是以外交作为掩护，施展一些小手段，包括在阿比西尼亚各地都设立意大利领事馆——要知道，在这些地方其实并没有什么意大利的事业值得领事馆去保护支持，那些在驻地工作的所谓领事，就是当地唯一的意大利人。而这些领事自然也不是什么真正的外交领事，他们所做的工作更接近于情报人员。他们按照墨索里尼给他们的任务去搜集各种情报，以掌握当地的一些动向，在方便之时会趁机进行一些煽动以制造当地的混乱。

他们在做情报工作的同时，还注意培养一些亲近意大利的势力。他们在各地设立了一些公益机构，比如医院、学校和俱乐部，他们用这些手段收买人心，让受到他们小恩小惠的当地人潜移默化地成了法西斯的支持者，他们穿上了美丽的衣服，行为却逐渐倾向法西斯，他们用法西斯的方式行礼，用他们自己的语言赞美墨索里尼。

12月初，位于阿比西尼亚境内的瓦尔瓦尔发生了一次小规模的武装战斗。这次战斗只是大大小小众多冲突中的一次，却成为墨索里尼口中加紧开战的重要借口。他拒绝就此事进行国际裁决，要求赔款并惩罚"肇事者"。

1934年底，墨索里尼下达最后指令，决心全面征服阿比西尼亚。在下达这个命令的时刻，墨索里尼并不从容，因为面对重新武装的纳粹德国，他不得不将大部分的军队留在国内，并且阿比西尼亚的军队当时也正全面欧化。因而，他必须尽快行动，以最大程度上减小进攻的难度和损失。

开始的时候，墨索里尼认为，意大利的部队已经全面机械化，加之还要使用化学武器，所以，出动16万人拿下阿比西尼亚绰绰有余。他并不打算进行正式的宣战，一来希望可以攻其不备，二来他希望自己的行动看起来要像是出于自卫的迫不得已，如此也能避开其他大国的干涉。他要先与法国进行利益交换，同时说服英国人，答允他们可以不费一兵一卒就从这次战争中获利，从而不对意大利的行动做出干扰。

1935年1月，意法订约，结成阵营与纳粹德国对抗。在之后的2月和3月，墨索里尼不断做出保证，他没有对外侵略的打算。虽然英法等国的外交人员对于他的承诺并不信任，但他们也认为，墨索里尼不可能如此不顾忌纳粹德国的力量，毫无担忧地出兵非洲。

墨索里尼料定，英国虽然不会支持他对阿比西尼亚出兵，但是德国已经足够英国手忙脚乱，只要稍稍示好，英国就会对此漠然置之。

在国内，作出战争这一决定，墨索里尼无须和国王外的任何人商量。他一方面看不起那些大臣议员，另一方面也担心自己的提案被否决。他只是告知警察总监，战争将要爆发，但甚至没有说出他们的对手到底会是谁。直到2月，他才开始向大臣们通知战争马上就要来了的信息。在他的叙述中，一切都已经就绪，对于大臣们，只是随便地交代一声，并不指望他们可以做什么。

在墨索里尼的计划中，战争的总指挥权一定是要握在他的手中的，战地司令官甚至接到不需要与军队参谋部直接发生关系的指令。

当年3月，战争计划修订结束，法西斯民团与正规军各出15万人，组成了一支30万的军队，并完成了集结。而最终派往战场的，有多达50万余人的士兵与民工，远远超过需求的装备和物资被运送到东非，这一切都令司令官戴博诺感到无奈，但面对墨索里尼的强硬态度，他也无计可施。

在一切即将就绪的时候，希特勒突然出手，给了墨索里尼当头一棒。希特勒正式宣布，德国要进行重新武装。不同于世界的震惊，一直对德国进行默默帮助的墨索里尼更加心惊胆战，他突然意识到，他们现在的处境十分危险，他的大部分军队都被投向非洲，德国的加强武装将会给意大利本土带来毁灭性的威胁。

为了应对来自纳粹的巨大挑战，墨索里尼邀请英法领袖，在意大利进行了一次会晤。他希望可以和英法建立反德阵线，但另一方面又不想在阿比西尼亚问题上做出让步。1935年的5月，墨索里尼看似依然坚持反德的立场，他甚至表明，若有需要，他会亲自消灭希特勒。他与法国签订秘密协定，承诺共同保卫奥地利，并一起协商对德作战的问题。

可事实上，一贯阳奉阴违的墨索里尼在与法国签订协议前，就已经与德国人暗通款曲，表明自己想要脱离于英法的阵营，与德国重修旧好，反对西方民主国家。

8月，墨索里尼将他的转变放到台面上，声称若英国妨碍他对非的行动，他就将与英国开战。海陆将军们听闻此事，都十分震惊，并且好言劝说他打消这个念头。因为此时的意大利与英国作战无异于以卵击石，是自寻死路。

到了9月，英国对于意大利的种种行为，仍旧是以绥靖为主。墨索

1935年，阿比西尼亚战争期间，四名意大利士兵正在前线举枪瞄准

里尼言行虽然狂妄,但是他做出的判断却十分准确,他认准,只要英国人把重点放在德国与日本,那么他们就绝不会对意大利首先做出攻击。他的这一判断,也令他的手下对他佩服得五体投地。

战争爆发前的几周里,墨索里尼的疯狂让世界震惊。在欧洲,他几乎再无友军。人们开始将指责指向墨索里尼本人,认为这个疯狂的独裁者,企图搅动着来之不易的和平。要知道,和平一旦遭受危险,各国就不得不重新开启军备竞赛,国内的经济又将无法平稳发展。

对于这些指责,墨索里尼冷笑置之。在他看来,批评也好,舆论也罢,那些被报纸传媒一手炮制的东西之下的实质到底是什么,他再清楚不过了。

终于,长久的筹备之后,战争正式开始,意大利军队入侵阿比西尼亚,一场侵略与反侵略战争就此开幕。

战争的初期,形势对于意大利不利,并不恋战的阿比西尼亚提出了停战。然而法西斯政府怎能接受自己的苦心经营就此幻灭?他们果断地拒绝了这个建议,甚至进一步提出了割地赔款的要求,露出了自己贪婪的嘴脸。于是,战争又一次升级了。直到1935年的秋天,在阿比西尼亚的北部与东南部的边界上,很快已经集结了30万意大利军队。

阿比西尼亚自然不甘心被意大利侵略。他们首先自我动员,以期在侵略之中获得自保。其次,他们开始动员国际的力量,希望国际的舆论可以给意大利的侵略活动造成一定的压力,使他们的行动受到制裁,而被侵略的阿比西尼亚也能够得到来自世界的帮助。但他们万万没有想到,他们的呼吁并没有换来大国的支援,哪怕名义上的,意大利的侵略活动,是被怂恿和纵容的。

法国一直以来都希望可以建立英法意的统一阵线以应付来自德国的威胁,因此对于意大利的行为都采取一种迎合与迁就的态度;英国也在意大利的主动外交之下松口,表示会对意大利的行为采取友好态度,甚至愿

法西斯狂徒 墨索里尼

甚是嚣张的墨索里尼

1935年，意大利的国旗高高插在阿比西亚首都马卡来

意帮助意大利；美国则在1935年8月通过了"中立法"，不把武器卖给交战国，看似是中立态度，其实是拒绝了阿比西尼亚的求助。

这些国家的绥靖政策对于意大利法西斯的行为无疑是一种助长。他们更加无所顾忌，因为他们知道，没有什么力量可以来阻碍他们了。他们开始肆无忌惮地向阿比西尼亚发起攻击。

在这样的困境之中，阿比西尼亚的人民也终于认清了他们所面对的局势，不再抱有侥幸心理。虽然他们的数十万军队中只有寥寥5万人拥有现代化的武器，但是他们近身武器上涂抹的毒药也具有很大的杀伤力，那些原本互相争斗的部落，也终于在保卫祖国的目的前站在了一起。

当然，阿比西尼亚人民的斗争还是赢得了世界上一些实力较小的国家的声援，亚洲、非洲、美洲，甚至一部分欧洲国家，都对阿比西尼亚的处境感到同情。阿比西尼亚的战斗，是在被侵略的状况下奋起的反侵略的战斗，是正义的战争。虽然他们无法实质性地给予帮助，但至少可以在舆论上帮助阿比西尼亚人民。

面对国际舆论，被英国与法国操纵着的国联不得不做出了一些让步，他们在1935年11月通过了最后的决议，把意大利宣判为侵略者，并且要对它实行经济制裁。这一制裁的决议没能成为战争的终止符，却让世界的舆论因它的出现不再继续。

意大利的侵略行动依然在继续，假装中立的英法美也通过"中立"的姿态，不对阿比西尼亚提供帮助，他们宣布对交战双方实行武器禁运，在此条件下，早已做好长期作战准备的意大利法西斯，武器依旧充足，而工业十分落后的阿比西尼亚因为得不到武器的供应，面对着越来越艰难的前景。

墨索里尼越来越嚣张，他知道他的做法是被纵容的，于是更加不需掩饰，大肆地屠杀阿比西尼亚的人民，不但在阿比西尼亚的城乡间大肆轰炸，甚至开始使用被禁止的化学战。许多无辜的阿比西尼亚人在战争

法西斯狂徒 墨索里尼

中罹难。

最终，在一次次求援不被理会的状况下，阿比西尼亚被意大利吞并。1936年5月9日，墨索里尼正式宣布，他们吞并了阿比西尼亚。这一次吞并，为意大利攫取了一块战略要地，获得了大量的自然资源，也终于在非洲撕开了一个裂口，成为他们未来对非洲扩大侵略的开始。

第二节
扼杀革命：联手希特勒，扼杀西班牙革命

历史上留下的墨索里尼形象并不精明。比起他自己认为的英武、伟大、决断明智，在后人眼中的他荒唐、昏庸、刚愎自用，甚至不如希特勒这个怪异而暴虐的魔头讨喜。但后人身在局外，看待事物的眼光难免有些上帝视角，自以为聪明。就像墨索里尼本人，也常常臧否古人，来彰显自己的了不起。他曾经批评拿破仑，认为他被帝国的美梦和不断的胜利冲昏头脑，变得自大、轻忽，这也导致了他最后的垮台。他讲这句话的时候，没有想到，这以后也将是他的人生的判词。

1936年的墨索里尼在胜利和野心的拉扯间越走越远，原本就轻狂自大的他愈发地刚愎自用，不允许任何人对他的决断提出质疑。他只需要别人的称赞，这些称赞不管多么夸张，他都可以照单全收，仿佛自己真的有那么伟大。

对墨索里尼有一定了解的一位记者回忆，那时的墨索里尼完全与世隔绝，活在自己的世界里，甚至对于别人提出的有所裨益的建议都会恼怒异常，仿佛遭到了批评。他要的不是进步，他要的是一个至高无上的形

象,哪怕这个形象是虚假的。

墨索里尼在《意大利人民报》时期的老朋友迪纳尔曾大胆向墨索里尼建议,既然胜利已经获得,他就可以暂且放下外交问题,重心转回国内;在国内也要开始走入群众,不能真的成为一个孤家寡人。墨索里尼却不以为然,他回答,作为一个独裁者,他是与众不同的,他的伟大首屈一指。他表示:"征服阿比西尼亚不是最终的目的,只是一个往更高处的跳板,最高的目标,最大的版图,都画在我心里。"

墨索里尼对于自己说话总是模棱两可以及自己常常迅速改换主张的习惯十分清楚。对此,他的解释是,这样的习惯说明了他内心思想的微妙和复杂,它们很难一次性表达清楚,也很难用太过明确的语句来界定。

这个阶段的墨索里尼对于国内的事务已经有些不耐烦,外交问题几乎占据了他大部分的工作时间。他大量的精力都用于把自己的意志加诸其他的国家。他厌倦了平衡的欧洲,他有着充分的把握打破这种平衡,利用平衡的破坏来从中获利。他不喜欢意大利人的贪图安逸,他好战好斗,希望他的子民们与他一样,充满了向外扩张的勇气。

1936年,刚刚在非洲获得一场胜利,他就开始期待下一场更具规模的战争,他希望他与他的法西斯可以在战争中获得更加崇高的地位与肯定。

墨索里尼深谙人心。与其说他喜欢谈判,不如说他喜欢利用谈判制造紧张,威逼他国,最终达到自己的目的。他深知,法国与英国还眷恋当下的和平,这种和平他们愿意以很高的代价去换取。于是,他考虑,若拿和希特勒结盟来威胁之,英国可能会服从他的要求。

1935年5月,墨索里尼向希特勒提出建议,要求德国与意大利进一步密切彼此的关系。对于此,希特勒有些漫不经心,因为即便他急需一个欧洲盟友,但对于意大利,他还是有些瞧不上的。在结盟这件事上,他宁可选择英国,而不是意大利。他同时也深知墨索里尼的两面三刀,在寻求与自己的合作的同时，可能与英法的联络也没有切断。

希特勒趁着阿比西尼亚战争时，把德军开入莱茵非军事区，他对意大利入侵阿比西尼亚的行径感到意外，却也更提升了与之合作的兴趣。1936年4月1日，在墨索里尼的命令下，意大利新闻界集体转向，一夜之间，反德变为亲德。但是与此同时，墨索里尼依旧向英法保证，他是与他们站在一边的，并不是倒向德国。在德国人知悉此事表示不满后，他又说自己是不得已的掩饰。用这样的手法，墨索里尼在奥地利问题上也不断模糊，最终牺牲奥地利的独立，如愿与德国签订协约。

说回墨索里尼的扩张政策。相对于他庞大的心理版图而言，占领阿比尼西亚并不能完全满足墨索里尼的野心，很快，他又盯住了下一个目标。在与希特勒经过一段时间的接触后。两人迅速狼狈为奸，并决定联合起来对西班牙的内战进行武装干涉，他们要一鼓作气，将那里的人民革命扼杀在摇篮之中。

西班牙扼地中海与大西洋的航路咽喉，战略地位非常重要，一直以来都为墨索里尼所垂涎。1930年初，原本是王国的西班牙爆发了资产阶级革命，建立为共和国，民主力量开始逐步增长。由于在1932年的选举中，共产党人参与的政府上台，国际上的法西斯势力当然不能坐视。在墨索里尼和希特勒暗中的策划之下，在西属的摩洛哥的驻军头目佛朗哥的领导下，由一批人在西班牙发起了武装叛乱。叛乱的一开始，德意就公开表示了他们的支持，不但

佛朗哥

提供飞机空运叛军至西班牙各地，还派遣了援军前去支援，可说是赤裸的武装干涉。

在一场革命与反革命的战争里，意大利的名字又一次出现了。这一次发生在西班牙的武装叛乱，还受到了当地金融资本家、大地主和教会主教们的支持，他们这些有产者十分畏惧革命的力量，希望历史的车轮停转甚至倒转，使自己至高的地位可以百代地流传下去。许多具有武装力量的反动军阀也提供了自己可以提供的助力，成为重要的突击力量。封建贵族们自然也成为这次叛乱的重要帮助者。为了反对共和国，许多神职人员都成了秘密的工作者。这些陈旧的阶级势力之所以联系到一起，就是害怕一个新的时代到来，因为那个时代里没有了他们尊崇的位子。

因为有了德意势力的鼎力支持，西班牙的反动派在叛乱战斗中肆意地屠杀，整个西班牙都笼罩在战争的阴云里。

然而，西班牙的人民并没有放弃自己得来不易的革命。他们以工厂、城市、乡村为中心，开始组织起人民志愿军，他们拿起了武器——虽然没有叛乱军来得先进——与反动派进行了英勇的斗争。仅仅几日内，就有三十多万人主动报到，领取武器，无论是什么武器，他们都会随手拿起，武装自己，只期待可以为共和国尽力。

非正义的叛乱终究被淹没在群众的海洋中。在劳动人民的猛烈进攻下，7月19日，马德里武装警备队的叛乱被平定了。在巴塞罗那，劳动人民经过浴血奋战，也将反动军阀打败。

叛乱刚开始，叛军就陷入了困境，国家的重要工业中心依然牢牢握在人民手中，共和国依然受到全国人民的支持，法西斯分子只是在部分地区得到一些胜利，立住脚跟，不致全面溃败。

西班牙战争自然很快就引起了全世界的关注。世界上的进步国家都站在了顺应历史潮流的西班牙人民共和国的一方，只有少数的帝国主义集团对西班牙共和国持反对意见。作为世界法西斯阵营的两大头目，墨索里尼和希特勒更是迫不及待地用极大的力量扶持西班牙叛乱军，想要将西班牙的革命之火熄灭在将燃之时。

就如同在阿比尼西亚侵略战中所做的，英法美依然保持着自己"中立"的姿态。这种看似不干涉的态度，却无疑是一种刻意的助长，被墨索里尼和希特勒的援助所解救的佛朗哥在这样的助长下，成为法西斯手中扼杀西班牙共和国的一把屠刀。

齐亚诺

西班牙共和国的沿海地区，德国军舰常常去轰击，而意大利的潜水艇，也在地中海不断地活动。法西斯国家和叛乱者签订了互助合作的协定，在协定之下，意大利与德国的一些垄断组织加强了自己在西班牙经济方面的干涉。

1936年6月，墨索里尼任命当时只有33岁的加勒阿佐·齐亚诺作为外交大臣。齐亚诺是墨索里尼的女婿，他所参与的法西斯的派系认为，意大利不应在欧洲起到调节器或者钟摆的作用，而是应该坦率地选择和德国结成盟国。这个派系认同墨索里尼的看法，觉得西方民主政体的国家是不堪的，已经被渐渐腐蚀了，世界的明天属于德日这样的国家。而意大利与德国结盟，正是利用德国的力量，最终成为世界的霸主。

齐亚诺上任后的第一项工作就是为意大利与德国联合干涉西班牙的内战做准备。墨索里尼瞧不起西班牙人，想将西班牙纳入法西斯体系中，协助他对付英国。他起初其实并不乐意对佛朗哥的政变进行支援，后来，他以为只要几架运输机就可以让佛朗哥获得胜利，就派遣了一些运输机。

没想到，一旦有了开始，他就不得不给予更多的帮助。意大利将领们对于这件事都十分不满，但是墨索里尼没有给他们插手的空间，只是让齐亚诺对此全权负责。

后来，当局势发展到意大利必须向西班牙开始派遣军队后，墨索里尼希望可以依靠法西斯民团，尽量少派正规部队，但是由于这些人的军事素养太差，最后还是无奈地由正规军接替。

1936年8月，墨索里尼决定在意大利成立了关于武装干涉西班牙的专门委员会。

1936年9月，墨索里尼受邀访德。在与希特勒的会谈中，他们彼此间没有太大的政治分歧，特别是希特勒保证了可以让意大利在地中海地区称霸。有此保证，其余的小小分歧也就不算什么了。墨索里尼也答应会支持德国对于殖民地的任何要求，但是提出警告，要求德国不得背着意大利与英法签订协议。

10月，齐亚诺受派去柏林提出意大利—德国轴心概念，并且无中生有地暗示德国，英国正在磨刀霍霍，打算对德意法西斯进行制裁。齐亚诺吹嘘道，意大利的军事力量已经远超英法，不必担忧英法对此轴心的反应。而希特勒也对他进行了意大利所需要的许诺。

此次归国，齐亚诺信心十足，认为德国已经可以任由他们支配了。

1936年11月，因为国内人口问题难以解决，加之西班牙战场还在继续，墨索里尼认为，与西方的相处不能不留余地，于是，他提出和英国签订"君子协定"，英意双方承诺放弃在地中海改变当前格局的要求，此协定最终在1937年1月签订。

墨索里尼认为，西班牙战场在他"建立帝国"之路上，是一个非常合适的战略基地，他必须对这个地区有一定的掌控力。同时，这个战场也是一个重要的演习场，可以用来试验自己军队在技术、装备、战略战术等方面的潜力，也可以在真正的大战之前发现自身的问题。并且，作为一个重要的原料产地，与西班牙建立关系对于德国和意大利的军事建设也有着重大的意义。

但排除这些需求，德意干涉西班牙内战最最重要的目的，依然不脱离德国和意大利的法西斯主义思想，他们必须要结束西班牙民主的发展和革命的进行，他们还希望可以在那里最终建立起法西斯专政。

墨索里尼为了自己的目标，是不惜一切代价的。他大量地向佛朗哥提供人力物力的资源，与他相同的还有同样公开支持西班牙叛乱的德国，甚至暗中支持叛军的英法美也提供了相当数量的物资援助。

当时的一些意大利专家认为，干涉西班牙的内战其实是一个非常错误的决定，不但耗费了过多的物资，而且因为对于形势的错估，也耗费了大量时间。墨索里尼却陷入其中不肯放弃，他甚至异想天开，想说服佛朗哥让一个意大利人成为西班牙国王。

为了抢先占领马德里，墨索里尼不理会佛朗哥的要求，让意大利军队迅速推进。1937年3月，瓜达拉哈拉之战，在一次共和军和国际纵队的全面反击中，墨索里尼的军队损失巨大，而共和国获得了一次了不起的胜利。有关法西斯军队的高作战水准在战场上早已传遍，因而这一败对于法西斯的打击极大，特别是胜利方又是反法西斯主义者，那些反法西斯战士甚至只是临时拼凑的非职业军。

对待西班牙叛军，很多法西斯军人态度很差，他们觉得自己是为了帮助他们作战，因而常常以恩人自居。所以对于这次法西斯的失败，西班牙叛军也暗暗地幸灾乐祸。佛朗哥甚至暗示，若意大利人全部撤军，他也不会为此遗憾。

但此时撤军对墨索里尼来说是无法接受的。在听到失败的消息时，他立刻将这次挫折归罪于佛朗哥，并要求法西斯军队两周后报仇雪恨。他还发出禁令，任何关于意大利军队的失败的言论都不能出现在报纸上。

此战之后，恼羞成怒的墨索里尼更加不择手段。他于1937年夏开始命令意大利潜艇使用鱼雷，袭击中立国的船只，防止他们为共和国运输物资。这种海盗的行径引起了许多愤慨。墨索里尼向来不在乎外部的意见，他持续下令，增加攻击潜艇数量，发动更大的袭击。

1938年春，他与希特勒、佛朗哥一起，对人民阵线发起了更为猛烈的进攻。

1938年3月9日，法西斯军队突破阿拉贡防线，将西班牙分割为南北两半。

1938年6月，法国封锁了法西边界，西班牙政府购买的大量物资无法运回。

1939年2月，加泰罗尼亚沦陷。

自此后，英法也将中立的面具撕开，公开承认了佛朗哥的政府首脑身份，并断绝了与西班牙共和国的外交。

1939年3月28日，马德里陷落。西班牙共和国彻底被国内外勾结的反动派击垮了，12万法西斯军队在墨索里尼的命令下滞留西班牙，持续着对西班牙人民的镇压。

可以说，这场西班牙的民族悲剧，是德意英法美这些国家共同酿成的。这三年之中，西班牙血流遍地，各种惨无人道的屠杀、镇压一次次地发生在这片原本丰饶而美丽的土地上。

然而，西班牙共和国并非孤立无援。国际上的无产阶级和反法西斯主义者们毫不动摇地站在西班牙共和国的一边。不但莫斯科、巴黎、伦敦各地出现了拒绝干涉革命的西班牙的主题游行，大量的捐款也汇聚起来，国际上对于西班牙共和国的声援规模空前，许多志愿者也奔赴前线，尽自己之力。在战争期间，多达35万人的国际纵队志愿军在西班牙作战，有一万多人在这片土地上光荣地献出了自己的生命。

第三节
武装干涉西班牙革命的过程中,与希特勒臭味相投

在正式执政前,希特勒对于墨索里尼这个"法西斯同盟"就有过与之结为盟友的打算,而且,在1928年到1936年之间,他们已经开始交往勾结。但这一时期,他们之间还只是探寻着合作的可能,彼此之间虽然相互欣赏、看好,但却不能确定对方是否愿意与之结盟。

在共同武装干涉西班牙内战的过程中,他们确定了彼此对于法西斯事业的忠诚,同时也确认了对方可以成为自己强有力的盟友。于是"柏林—罗马"这个邪恶的轴心就这样形成了。

1936年的10月25日,里宾特洛甫和齐亚诺签署了德、意正式协定。这个协定主要的内容是:首先,德国承认意大利对于阿比西尼亚的吞并,承认意大利在阿比西尼亚所拥有的权利;其次,两国均承认西班牙的佛朗哥政府,并共同支持其建立,加强对它的援助;最后,在两国于多瑙河和巴尔干半岛的势力划分,意大利对德国做出了诸多的让步。

墨索里尼和希特勒这两个法西斯的头目达成了一个共识,他们认为,在与英法美进行的利益争夺中,欧洲及非洲是他们的重点,而在遥

远的亚洲，他们没有足够实力染指，这就需要再寻找一个帮手。于是，在这一共识的驱动下，他们寻找到了一个亚太地区的同伙——日本。这个迅速成长着的帝国主义国家，正打算发动侵华战争，占领中国，进而在亚洲称霸。这个野心勃勃的亚洲国家也在寻找着自己的盟友，三方一拍即合。

回过头再说墨索里尼，他一直在担心英国，因为英国正在加紧提升军备，如果自己再拖延下去，而不是立即挑起欧洲战争，英国一定会后来居上。

1937年3月，墨索里尼对将军们提出宣战英国的计划，并且仿佛无意地提起，他打算要在北非发动反英战争。将军们自然纷纷反对，他们很了解意大利的军事力量，在他们的假想敌中，从来没有出现英国这样强国的名字。

墨索里尼不断发出各种好战的言论。有时他可能只是说说而已，并没有打算真的去做，但是他这种真假掺杂的言论更容易造成欧洲局势的紧张。这种紧张令墨索里尼愉悦，这正是他想要的效果。他一向喜欢被人所关注的感觉，即便这种关注来自憎恨。他还严厉地指出一些人认为意大利无力进行军备竞赛的错误。他表示，意大利的武装力量早已发展到顶峰，远超过英国，战争正是意大利获得地位的不二法门。

墨索里尼曾经承认，自己并不能胜任军事问题，他并不擅长这个。但是他现在身兼陆海空三军大臣的要职，一切大小问题都要经他亲自确认，他被鼓吹为军事天才，在别人的吹捧下，他似乎真的以为自己了解军事。在他的动员下，意大利倾全国之力投入到了军事发展中。然而1940年，他所预言的战争真的来临时，意大利却武器匮乏，甚至没有一个完整的军事计划，这充分证明了他在军事上的无能。

不过，当时的墨索里尼已经自我膨胀到了极点，意大利媒体对他的宣传吹捧也已经发展到了极致，他耳里听到的只有赞美声。这种个人崇拜

1937年9月，墨索里尼出访德国

的确唬住了自己人，可是敌人却不可能被他吓到，因此，这也为他日后的失败埋下了伏笔。

从1937年的秋天开始，德国的军事计划已经近乎半公开化。墨索里尼也暗暗下定决心，要将与德国结成的非正式轴心转化为正式的结盟。有了德国这个盟友，对于战争他才能更无后顾之忧。

虽然墨索里尼不断吹嘘意大利的军事实力，但是在8月的军事演习中，德国的战争部长偷偷向希特勒表示，意大利低劣的装备与训练让他觉得非常不安。9月，在墨索里尼的要求下，德国允许了他的到访。在为期四天的访问过程里,他们并没有大量探讨政治问题,但墨索里尼让德国非常明确地感受到,他准备在德国与奥地利合并的问题上再做出一些让步。

总之,在这次访问后,虽然没有立刻结盟,但是从外交部的口气来看,结盟一事已经基本确定,只差最后手续完成。

回国后,齐亚诺问墨索里尼,玩"高级游戏"的时机是否已经到了,而墨索里尼讳莫如深,只说时机未到,西班牙战争之后,必须再出现另一场战争来彻底击败英国。他觉得英国军队应该无法适应炎热的环境,因而在北非招兵买马,储备大量弹药。

虽然西班牙战争在意大利是不得人心的,但是墨索里尼始终将其看作一种磨砺意大利人的手段。就如他在阿比西尼亚的作为,他让战士用各种残酷手段瓦解敌军,让世界对于意大利更加厌恶的同时,墨索里尼却十分得意。他甚至还在必要时开展过为人所唾弃的细菌战。

1937年12月,墨索里尼召集法西斯大议会,迅速通过了退出国联的决定。意大利人并没有怀疑这项决定是否会被通过,在他们心中,只要是墨索里尼所希望的,就肯定会被通过。大议会也完全变成了墨索里尼独裁的场所。甚至在德意日三方条约签订时,法西斯大议会都并没有对于这一决定进行过讨论。

在这个条约签订之前,法西斯主义者们都是立场明确的反日者,支持蒋介石的抗日行为。然而为了能与德国保持一致,墨索里尼迅速改换了立场,把中国的意大利使团纷纷撤回。他甚至希望通过鼓动日本与英国在远东进行对抗来削弱英国的势力。

1937年11月6日,由德意日三国共同支持的《反共产国际协定》正式地签订了,他们三国结成一个"柏林—罗马—东京"的侵略轴心。

邪恶的组织终于就绪,就像一切大战前开始那样,三国既紧迫又有序地做起了战前的准备,他们将掀起一场关乎世界和平的大战,将有无数无辜的平民在这场大战中失去生命。而世界的分化、成长、裂变与聚合也将在这场大战中孕育。世界上所有的"立"之前，都离不开"破"，这一场撕裂旧世界的大战，将是最大的"破"，以成就一次改变世界的"立"。

第五章 殖民之路：对外侵略，帝国主义野心昭彰

· 第六章 ·

二战之路：处处受挫，
仓皇摇摆

第一节
同盟结成，法西斯国家狼狈为奸

轴心国同盟结成，德意日这三个法西斯国家沆瀣一气，开始了一轮肆无忌惮的侵略行为。德意对于之前的成果显然并不满足，扼杀了西班牙的民主革命只是他们计划中的一步，墨索里尼和希特勒很快就开始找寻下一个目标了。他们已经把西方列强看得明明白白，对方妥协的态度和绥靖的政策正合他们的心意，他们知道，只要自己的行为没有直接地侵害到西方列强的利益，他们就只会睁一只眼闭一只眼，甚至在关键的时候还会推上一把。也正因为知道这点，他们对于自己接下来的计划显得有恃无恐，实行起来更加地肆无忌惮。

德意的下一个目标很快就定下了，就是一直以来被他们视作掌中物、迟早纳入怀中的奥地利。

曾经，在法西斯阵线还未结成之时，奥地利同时被希特勒和墨索里尼垂涎。如果奥地利可以为德国所有，那么德国通往捷克斯洛伐克的门户就将被打开，向东南欧进发的道路也将更加宽阔。1934年7月，奥地利纳粹党暗杀了陶尔斐斯总理，此后，纳粹一直在进行着各种颠覆奥地利政府的工作，但他们名义上却始终和奥地利政府维持着友好的关系，迫使奥地利政府承认奥地利纳粹党作为政治团体的合法性。

但墨索里尼对于奥地利同样渴望，一直在旁敲打着希特勒，让希特勒无法放手在奥地利大干一场。陶尔斐斯遇害后，墨索里尼亲自飞到威尼斯慰问其遗孀，而意大利的军队，也同时在奥地利南部的边界处集结起来，这些行为都对德国的侵略带来了一定的阻碍。

但如今，联盟既成，曾经的许多障碍都转换成了默契，墨索里尼在奥地利的问题的大幅度退让，让希特勒越来越恃无恐。

1938年2月12日，在墨索里尼的默许之下，希特勒开始了自己吞并奥地利的计划。他传唤奥地利的总理许施尼格，先从口头施压，打算兵不血刃地拿下这块土地。奥地利的总理自然不可能就这样缴械，但面对来自希特勒的压力，他又有些不知所措。此刻，奥地利人心中的保护者墨索里尼传来了口信，表达了他个人对于奥地利的支持。

于是在2月24日，奥地利总理在议会致辞时，表达了同德国解决问题但绝不接受被吞并的主张。他决定在国内举行一次公投，来加强奥地利政府的地位。3月3日，他发密函给墨索里尼，希望得到他的支持。而这一次，他"亲爱的盟友"却变了脸色。墨索里尼严厉地指出："这是一个错误，如果投票有满意的结果，人们会说是伪造的。如果结果不好，政府的地位就受不了；如果结果是没有决定性的，则投票毫无用处。"在这关键的时刻，这个奥地利的"友军"就这样变了脸。

即便如此，希特勒还是有些不放心墨索里尼的态度，他派黑森亲王菲力普去罗马再探探墨索里尼的底，得到的回报是非常肯定的，菲力普对希特勒说："领袖对我说过，意大利出兵干涉是完全不可能的事；这可能只是一种恐吓；这种事是做不得的。然后领袖接着说，奥地利对他是无关轻重的。"

在希特勒的闪电战攻势和墨索里尼的纵容下，奥地利很快就被德国占领了。

就此，多瑙河流域的很大一段已经落入德国彀中，控制了维也纳的德国等于控制了东南欧各国的交通枢纽，德国从此可以从公路、航运、铁路等多个方面控制东南欧。

一直以来，希特勒都小心地不向墨索里尼透露他要扩大德国疆土的计划。他暗忖，意大利已经因为西班牙忙得难以抽身了，他趁此机会吞并奥地利，也许也不用给墨索里尼任何回报。他在东南欧一步一步吞噬意大利的市场，在将奥地利吃下后，他将意大利李雅斯特港的原油贸易线切断，使得这个港变成一个死港。

这一刻，墨索里尼才突然意识到自己犯了怎样的错误，但他对此一时之间也没有任何办法。有时他甚至会扬言改换立场，想要撕毁合约，宣战德国。他秘密开始了一个耗资极巨的防御项目，沿着意大利与德国的新

1938年，墨索里尼从德国学来走正步，他戏称为"罗马步"

边界构造防御工事——他的一切行为都是那么的戏剧化，让人觉得不现实，也完全不像一个盟友应有的作为。

3月，墨索里尼向议会宣布了意大利的军事实力，强调以现在意大利的军事力量，足以应对任何不测。他向意大利人许诺，若战争开始，意大利的伟大军队将由他亲自率领。但问题在于，根据意大利宪法的规定，武装部队的最高统帅应该是国王。

法律上的问题对于这个独裁的暴君而言不是问题，他专门设计了帝国第一元帅的军衔，并授予国王和自己，让自己日后的出征显得顺理成章。

这一时期，整个欧洲的均势开始被打破，英国看到这样的情况，也开始有些焦虑。英国政府在张伯伦的建议下，决定与墨索里尼取得一定的和解，重新造成一个平衡的欧洲局面。张伯伦认为，这样可以将英国的地位加强，也让英法没有后顾之忧地对付中欧的问题。

墨索里尼对此状况自然很满意。他不拒绝英国的示好，1938年4月16日，英意之间签订协定，以英国对意大利在阿比西尼亚与西班牙活动的不干涉，来换取意大利对中欧表示难以估量的善意。

5月，希特勒对意大利进行了回访，墨索里尼进行了许多准备，为意大利的军事能力装点门面。回到德国，希特勒的心情依旧非常沉重。因为此番访问意大利，他的主要目的是加强德意的结盟，进而为他之后的侵略行方便。可从墨索里尼的表现来看，他似乎在回避一切政治讨论，只做出一般性的保证，表示会支持德国，但更深一步的合作却悬而未决。

墨索里尼想要利用德国为自己牟利，同时又害怕被德国的强大实力所反噬。他持续叫嚣着战争，对其他国家进行威胁，将意大利置于一个永久性战时动员的状态。他希望他的国民可以相信，民主政体的国家已经落伍，面对战争，拥有着巨大军事优势的意大利根本不必紧张。

墨索里尼的自欺欺人骗过了自己的国民，却骗不过他真正想骗的对象。拥有军事情报来源的西方众国很清楚，意大利的军事力量没有那么强，八百万军队根本不存在，而且意大利非常依赖海运，物资储备并不充裕。

意大利的这些不足，西方国家很清楚，想要与他们合作的德国也很清楚，而墨索里尼本人究竟能了解多少，倒是真的没人知道。

墨索里尼虽然仍不放弃两面派的立场，但还是不断地以一些措施来巩固与德国的盟约。为了表示亲近，他宣布要仿效德国的方式，制定种族法。

他的决定令人惊讶。因为在法西斯主义运动的过程里，他有很多的犹太同事，他也一度非常鼓励犹太复国主义，用以反对英国。但他的种族主义心态确实在慢慢萌芽着。他时常强调意大利人属于雅利安人，是一种优越的民族。他在进攻西班牙时还特地强调过西班牙种族的劣等性。

意大利的种族法法令在1938年7月正式颁布，由墨索里尼亲拟，法令声明，阿拉伯人、阿比西尼亚人以及犹太人都属于劣等民族。这个法令公布后，各民主国家纷纷对此表示了震惊，这正是墨索里尼所希望看到的。当德国人对于犹太民族的屠杀消息传来时，他冷静地说，若是他，只会做得更加冷酷。

梵蒂冈对于他的言论发出了强烈的抗议，但墨索里尼不以为意，他说，种族主义的实行是成为法西斯主义的基本信条，绝不能让步。他的反教权主义思想又开始蠢蠢欲动，在不同场合他都表达了对于教皇的不满。

事情一切的发展变化全部都发生在希特勒的注视之下。他的下一个目标早已选好，此时要做的，就是在局势的变幻之中，寻找自己可以借用的条件，来与墨索里尼达成交换。他需要保证自己的行动不被阻碍。他深知，墨索里尼的愿望，就是他在阿比西尼亚所取得的利益可以顺利地为他所用，此刻，他已经获得了英国政府的默许，现在需要的，正是德国政府明确的答复。于是，希特勒就可以顺理成章地提出自己的条件：在德国对

墨索里尼（右三）在《慕尼黑协定》签订现场

捷克斯洛伐克的行动中，得到墨索里尼的帮助。

这是一次罪恶的交易，两个残酷的首脑就这样将土地、国家、人民作为筹码，不断地在彼此的天平上加码交换，以达成自己邪恶的目的。

在希特勒和墨索里尼联手的威胁下，英国首相张伯伦发表了一次公开演说，阐明了自己的反战立场，可这篇演说在当时的紧张时局之下显得不三不四，对当时的状况毫无裨益。而在这次演说的隔日，张伯伦收到希特勒的邀请，根据墨索里尼的建议，他们希望9月29日，在慕尼黑举行一次关于捷克斯洛伐克问题的会议，参会人员包括希特勒、墨索里尼、张伯伦和法国总理达拉第。

这次会议与其说是一次商谈，不如说是四国首脑聚在一起办理的一个手续，只不过是将德国的意志进行一次申明，并通过而已。希特勒在开始时便表达了自己一定要在10月1日进军的决心，英国首相与法国总理在当时也只能迎合。

在墨索里尼发言时，会议终于有了实际的进展，他拿出了一个书面的建议，这个建议其实是一份完完全全由德国柏林方面草拟，经过希特勒首肯的建议。而这份建议，就成了这个会上唯一的议程，并且成为《慕尼黑协定》的基本条款。而这一切，张伯伦和达拉第都被蒙在鼓中。

但不论如何，这份由墨索里尼假装客观和中立态度所提出的建议，除了被身为真正提出者的德方所肯定，也受到了来自只想姑息此事的英法方面的吹捧。这个牺牲捷克斯洛伐克的《慕尼黑协定》就在这样"愉快"的氛围中被签订了。

10月，墨索里尼在法西斯大议会宣布，西班牙战争后，意大利将会有新的军事行动，他要以不间断的战争来磨砺意大利人的心性。他以法国人为例，他认为法国也许有着强大的军队，但是他们的士兵酗酒、嫖娼、毫无斗志，如果与意大利较量，法国人绝无胜算。他要求将意大利的一切都军事化，并决心将改变世界地图。

之后事情的发展，就如同希特勒所说，德军10月1日进军捷克斯洛伐克，非常顺利地在10月10日完成对苏台德区的占领。

在英法首脑的绥靖政策和墨索里尼的侧面帮扶中，1938年，希特勒将奥地利与苏台德总数达到一千万以上的人民和士兵归入德国，壮大了纳粹的力量。

1938年11月，墨索里尼决定在意法间构筑"一道鸿沟"。墨索里尼希望能够以威胁的手段让法国主动放弃科西嘉与突尼斯，并且希望可以在突尼斯与法属索马里实行意法共管。他觊觎阿尔巴尼亚，还希望可以将瑞士的提契诺州据为己有。

出于想要吓唬英国人，使之主动屈服的奇异想法，墨索里尼把他的秘密计划告知了英国。意大利的报纸上说，科西嘉的居民都希望可以成为意大利人，然而事实上，有此心愿者肯定不足十人。

11月30日，在休会了长达半年之后，意大利的议会再次复会了。法

1939年，英国首相张伯伦（左）访问罗马，与墨索里尼交谈

1939年，战前一次军事演习上，墨索里尼站在一辆坦克上发表演讲

第六章 二战之路：处处受挫、仓皇摇摆

国驻罗马的大使在墨索里尼的邀请下出席这次议会，以便让他听到齐亚诺的讲话。

喜欢大场面的墨索里尼还安排了戏剧性的一幕：在约定好的信号下，议员们多次集体起立欢呼，高喊口号要求吞并尼斯、科西嘉与突尼斯。墨索里尼说这一举动是议员们自发的示威，但是从记者那里可以了解到，这一安排早已事先通知了他们。

让墨索里尼失望的是，这一安排并没有得到他所期待的反馈。他希望法国人在知道此事之后对他更加敬怖，然而最终的效果却是适得其反。在法国，此事使得亲法西斯与反法西斯分子联合了起来，墨索里尼在慕尼黑赢得的一些声望瞬间化为飞灰。

就此，曾经的英法意阵线完全崩溃。

1939年1月，张伯伦访问罗马，想要再做一次努力，希望可以把意大利从德意轴心中拽出。这次访问其实是墨索里尼邀请的，他想趁此机会劝说英国人站在他这边，使法国对他再次做出让步。但这次访问最终没有产生任何的积极效果。相反，出现了很多副作用：首先，张伯伦甫一回国，就决定与法国进行密谈，商议之后如何应对德意之间的联合。其次，墨索里尼对于英国人的态度也越发蔑视，因为他发现，张伯伦是一个完完全全的非战主义者。但他同时更加自信，认为自己可以无须英国的参与，单打独斗与法国一较上下。

1939年初，墨索里尼愈加疯狂，毫不掩饰地将武力挂在嘴边，威胁整个欧洲的平静。他声称自己拥有秘密武器，一定可以获得轻松的胜利。而齐亚诺问起是什么武器时，他又开始顾左右而言他。

1939年4月，意大利登陆并占领阿尔巴尼亚。此时的法西斯阵营力量无法阻挡地强大了起来，捷克斯洛伐克成为德国入侵波兰的大本营，阿尔巴尼亚则成为意攻希腊的中转站。面对希特勒和墨索里尼对于欧洲的威胁，西方列强似乎已经束手无策。

第二节
临战怯阵，立场摇摆不定

1939年3月底，佛朗哥叛军在马德里的最终胜利让墨索里尼感到十分高兴。因为在这一次胜利中，意大利的援助有着关键性的作用。在此前，虽然墨索里尼一直态度强硬，但是他不得不承认，这场战争中，意大利冒了很大的风险，也遭受了极大损失，甚至还导致了意大利与西方国家间表面上的巨大裂痕。也因此，在意大利国内，许多人心中对于墨索里尼是暗暗责备的。

西班牙叛军的胜利让墨索里尼兴奋地觉得，也许他的付出即将有所收获，西班牙应该会为了报答他的帮助，在未来的大战中坚定支持意大利。

可对于此，佛朗哥却十分务实地表示，西班牙国家的利益高于一切，而此刻，西班牙最需要的是一个长期的恢复，而不是另一场战争。西班牙的胜利就带来这样一个空落落的结果，意大利的威望在这次战争里没有提高，反而受到了打击。

但墨索里尼没有因此改变他的想法，军事冒险依然在继续。1939年4

月，阿尔巴尼亚战争被发动。非常有趣的是，虽然墨索里尼在公开场合假称阿尔巴尼亚是一个完全独立的国家，但阿尔巴尼亚在实质上早已被意大利所控制，因此，这场战争原本完全没有进行的必要。

但不论如何，一场新的战争即将爆发了，对手又是一个小国，这一切都让墨索里尼觉得兴奋。阿尔巴尼亚政府在接到战书时就即刻表明打算不战而降，但这反而使得墨索里尼感到不安和不快。

对阿尔巴尼亚的进攻准备得非常匆忙，作战计划也制订得漏洞百出。可墨索里尼根本不会承认这些，最后做出的官方报道也是冠冕堂皇，一片溢美之词。实际上，此时意大利在国际上的声望已经极端糟糕，这次侵阿更加证明了墨索里尼对国际条约的无视与对弱小国家的轻视。不过，不用想也知道，对于这种国际舆论，墨索里尼只会觉得愉快。

阿尔巴尼亚不战而降后，不论是从名义上还是实质上都成了意大利的殖民地，为日后意大利军队对希腊和南斯拉夫的进攻打下基础。

然而，这次对于阿尔巴尼亚的吞并只有齐亚诺和一批发战争财的富豪感到高兴，因为这次小小的战争依然耗费了大量的财资，但收获的经济价值却并不可观。德国在对此发来贺电的同时，也暗暗懊恼，虽然他们对于墨索里尼与西方国家的关系更加恶化感到高兴，但是又担心这个自不量力的领袖想要通过这一系列的胜利改变轴心内部的力量平衡，他们已经知道墨索里尼想与法国打一场殖民战，且这场战争的时机对于德国来讲并不恰当，因为他们正在谋划对波兰的攻击，为了不让进攻波兰的时机被扰乱，希特勒要求墨索里尼延迟意大利的战争计划至少一年。

1939年4月，墨索里尼的女婿、意大利外长齐亚诺开始觉察到，有越来越多的迹象表现出德国很可能会进攻波兰，这次进攻只是一个开始，他觉得，这次战争有可能会形成一系列的连锁反应，进而引起一场欧洲大战。而此时，对于这样一场大战，意大利是并没有余力去应付的。

4月20日，如齐亚诺所想，根据驻柏林的意大利大使所说，德国对波兰的行动已经蓄势待发，于是，齐亚诺决定安排一次与德国外长里宾特洛甫的会谈，他要在会谈之中将一些细节讲清楚，以免在德国的行动中，意大利措手不及。

5月6日，他们的会谈在米兰举行了。齐亚诺根据墨索里尼的指示，立场坚定地提出了意大利在至少三年之内是希望可以避免一战的。他们坐在一起分析当时整个欧洲的形势。出乎齐亚诺所料想的是，德国方面竟然非常体贴意大利的状况，并且同意了他们所提出的条件。

而当时在罗马的后方坐镇的墨索里尼非常急切地想要了解两国外长间的会谈。当齐亚诺对他说，一切都很顺利的时候，这个总是出人意料的领袖又一次做出了惊人之举。

墨索里尼认为，要完成自己侵略扩张，建立帝国的诉求，此时有必要借助希特勒的声势。于是，他对齐亚诺下了指示，让他向报界公告，宣布了意大利与德国军事同盟的结成。意大利与德国签订了一个侵略性极强的"钢铁盟约"，措辞直率地表达了德国与意大利在战争中要彼此帮扶、同进同退的立场。

在长达一年多的犹豫之后，墨索里尼就此将自己的命运与希特勒紧紧相系。

在德意钢铁同盟正式签字的第二天，希特勒就对墨索里尼表示，他认为，没有流血的胜利是不存在的，因而战争绝对不可避免。希特勒下定决心一定要向波兰宣战，而这一决定，令墨索里尼惊恐不已。

他一方面想要维持自己的立场，说："如果英国准备为保卫波兰而战，意大利一定和我们的盟国德国并肩作战。"但是私底下，他此时的想法却与表现出的全然相反。

此时的墨索里尼，终究只是想要巩固自己已经得到的地中海与北非的利益，好好地消化他在阿尔巴尼亚夺取的东西，并品味自己在西班牙内战中偷得的果实。他不想因为德国又一次卷入一场战争。他深知此时意大利在军政方面实力的不堪一击。

于是,他派齐亚诺与希特勒谈判。希特勒态度强硬地表示,他一定要将波兰彻底解决,他甚至不惜与英法一战,都要让意大利参与进这场战争。

收到希特勒邀他参战的信件后,墨索里尼很快婉言拒绝了这件事。因为很显然,当时意大利的状况确实无法再承受卷入一场欧洲大战。他心有余却力不足。那个时期,他需要对新征服地派出大量的力量去维持稳定,他不能让之前的努力付诸东流。而国内,各种游行抗议也依然不曾停歇。他们内部有大量的事务需要时间和花费,如果他再开辟战场,意大利的力量就绝对无法再应付下去。

在德国的要求面前,墨索里尼最终选择临阵脱逃,他不断地让外交人员提出德国人不可能接受的物资援助条件,希望德国人可以知难而退。希特勒却始终不死心,他认为英法不可能在西方取得任何有力的胜利,而德国已经和苏联达成了协议,如果此次一举击败波兰,他们就可以腾出在东线的全部兵力,因而他绝不能在东线的战斗中退缩,即使西线会产生一些纠缠,他只希望墨索里尼适当地为自己在西线牵制英法军,让英法军无法干扰他太多。

墨索里尼依然不肯松口,他再次劝说希特勒放弃战争,希望可以寻求一个满足德国物质需求的政治解决方法,这样在道义上也可以不失体面。

在墨索里尼的坚持之下,希特勒终于不再强求意大利参战。但是他提出,希望意大利至少可以不提前公开表露态度,甚至对英法进行一些口头上的军事威胁,用心理战的方式,帮助他牵制一部分英法军。

对于希特勒的松口,墨索里尼如获至宝,他立刻回复希特勒,说外界不会在战争开始前得知意大利的任何态度,他会尽力牵制英法军的注意力。

然而实际上，在他接到希特勒的回复以前，墨索里尼就已经在前一天的晚上将他的态度告知英国了。

这个左右摇摆不定的意大利独裁者开始对自己之前与德国轻率地结盟的决定感到后悔了。9月1日，他向希特勒提出解除他在同盟条约中的义务。希特勒很快同意了他的要求，但他同时表示："即使我们目前所走的道路不同，命运仍会把我们联结在一起。一旦国家社会主义的德国为西方民主国家所毁灭，法西斯主义的意大利也将遭到困难。我个人始终认为，我们两国政权的命运是联结在一起的，而且我知道您，领袖，也持有完全相同的看法。"

这段暗藏警告的话语，正预示了之后墨索里尼以及法西斯意大利同德国纳粹最终绑在一起走向毁灭的命运。

第三节
乘人之危，向英、法宣战

这一时期的墨索里尼充满了矛盾。他的法西斯信念依然没变，可在做法上的选择却使他陷入两难。他一方面清楚意大利当前的状况并不适合战争，所以在与德国的盟约前临阵逃脱，甚至暗中与英国相勾结；另一方面他却又不甘心真正地远离战场，或者说远离胜利的果实，他不愿最终的胜利果实由希特勒一人独享。

墨索里尼过去一直宣称意大利已经做好了一切战争准备，鼓吹战争是一种怎样巨大的荣光，而如今，在现实面前，他无奈地做出了这样有失尊严的决定，他不快，却也没有办法。他曾经号称意大利有一百五十多个师，更有许多配备新式武器的装甲师，还有1200万预备军作为后援。而事实是，意大利能够直接投入战斗的师只有十个，而且其中士兵数量明显不足，装备也非常陈旧，甚至无法分配至每个士兵手中。他吹得天花乱坠的空军，实际上也是远远落后于那个时代，空军中可以用于战斗的飞机数额极少。

墨索里尼的刚愎自用、反复无常、满口胡言，就这样欺骗了所有意大利人，也最终欺骗了自己。他的女婿齐亚诺在日记里说，对他这位岳父"不要提相反意见，否则只会把事情弄得更糟，他害怕知晓事实真相，宁愿耳根清净，不知为好"。

1939年9月，在一次动员后，大多数意大利人终于知道，意大利的军事力量是多么的薄弱。这一时期，怀疑论开始广泛地蔓延。其实，墨索里尼一直都很明白，有大量的意大利人对于种族法、鹅步、被强迫使用尊称和商品大量短缺、生活越来越艰难有多么的不满。意大利社会舆论里对法西斯主义的支持从来都是他一手造就的假象。

实际上，在此之前，意大利社会中的反对意见就开始慢慢发酵。地下刊物开始大量地出现，社会上对于法西斯的态度开始由尊敬变为嘲讽。

在墨索里尼"非交战态度"刚一宣布的时候，社会舆论的反应就更加复杂了。大体来说，是既喜且惊。喜在于，这种态度为人们带来了和平生活的可能性。而惊在于，人们由此认识到，法西斯此前吹嘘的一切实力都是泡影，法西斯的报纸与法西斯领袖都是完全不可信的。这一时期，很多曾经为法西斯讲话的人都纷纷站到法西斯的对立面，人们认识到，真正支持法西斯的人都是法西斯政策下的既得利益者，而普通的民众都是生活在法西斯的压迫中，苦苦求生的。

墨索里尼焦头烂额地处理着这种威望的全面下滑，并试图推卸责任，通过免除一些参谋人员来将矛盾转移，但收效甚微。

另一方面，让他忙于应付的还有德国的态度。1939年9月，墨索里尼试图令德国人了解，他所谓的非交战态度并不是中立，更不是背叛德国，他所作所为，是想要在英国的封锁中寻找到一个突破口，用这样的方式，达到帮助德国作战的效果。墨索里尼此时对于德国这个盟友非常看重，他担心希特勒认为他违背承诺，因此，他保证会牵制法国，并将自己可以得到的情报献给德国。

他希望看到的状况是，德国人在波兰取胜，而他又可以像慕尼黑那次一样，成为一个受人尊敬的调停者。他时常在私下表示，若德国失败，他也会立刻倒戈，成为一个德国的坚定反对者。

总而言之，墨索里尼让意大利一时处在非交战的状态，但他并没有让意大利完全中立——他再清楚不过，所谓中立代表着切开自己与战争的关系——他希望意大利可以在这次战争里冷眼旁观并伺机而动，他不愿意把意大利从这场战争中择出，他想象意大利还可以适时地进入战争，在不费太多工夫的前提下，分享到一些胜利的果实。

很多时候，齐亚诺可以明显感受到，对于希特勒的声名鹊起与强硬手段，墨索里尼既有些不屑，又有点儿嫉妒。所以，在战争开始后，罗马—柏林轴心很快就发生了龃龉。德国与意大利人相互指责对方没有按照协议行事。两个法西斯首脑间的裂痕也越来越大了。

墨索里尼这个摇摆不定的意大利独裁者越来越情绪化。他自认为隐秘的念头不断地从自己的言辞间泄露出来。作为法西斯战线的一员，他似乎应该期待德国的胜利，可他完全不，他甚至一想到希特勒取得胜利就觉得无法忍受。而在意大利各地区爆发的反战示威也让他应对不及。

12月26日，他终于明确地表达了自己希望德国战败。他为此打算做出一些努力。他吩咐齐亚诺将比利时与荷兰将要受到攻击的消息私下告知这两个国家。希望自己的小动作可以让希特勒吃一些亏。

1940年1月3日，墨索里尼终于无法再坐视希特勒穷兵黩武、大杀四方来获得"荣耀"了。他向希特勒尖锐地提出了自己的意见，并尽可能让那些话看起来像一篇逆耳的忠言。

他说，他认为德国是无法让英法屈膝的，甚至有意大利的帮助也不能。因为美国也不会坐视民主国家全面溃败。在现在东部边境已经稳固的状况下，德国何必要如此孤注一掷，弃置现有的一切于不顾呢？分析了局势之后，他顺势提出自己的建议，如果德国能允许"一个纯粹由波兰人构成的、安分守己的和解除武装的波兰存在"，就可以迎来和平，也就可以好好地消化现有的成果，从长计议。

对于他的建议，希特勒很长一段时间都没有做出回应。墨索里尼越发地焦躁不安。对墨索里尼的放置不理其实是希特勒的蓄意为之。他始终贼心不死，想要切实地将意大利彻底拉到自己的一边，成为可以为自己燃烧的战火中再添一把火的帮凶。他知道，在当下这个局势里，想要空口白牙地说服墨索里尼很难，因而他没有立刻回应墨索里尼，而是静静等待着一个时机。

3月1日，英国宣布了切断德国通过鹿特丹向意大利进行的煤炭运输，这一运输路线的切断，对于意大利的经济打击很大。墨索里尼对此十分恼火。希特勒认为机会到了。他没有放过这个机会，在3月8日写信给墨索里尼，回应了他之前的信件，他巧妙地带过了墨索里尼的质问，有意无意地将意大利与德国拉在一起。

他写道："领袖，我认为，这次战争的结果无疑也将决定意大利的命运……你总有一天会面对今天与德国作战的这些敌人的……我也看到了我们两国的、两国人民的、我们革命的和我们制度的命运，都已不可分割地联结在一起了……

"最后，让我向你保证，不管怎样我总相信，命运迟早会使我们终于并肩作战。这就是说，不管局势中的个别情况现在会怎样发展，你将同样地无法逃避这场武装冲突。我还相信，届时你将比以往更加贴近我们一边，正如同我将更加贴近你们一边一样。"

花言巧语的同时，墨索里尼没有忘了提出实质性的好处，提出每月供应给意大利100万吨煤，这甚至超出了意大利自身的需求。刚刚被英国的封锁搞得有些无措的墨索里尼对此十分满意。

但他很清楚，这些好言好语和物资都是希特勒给予他的参战压力。又一次，他回到了那个老问题。而这一次，他立场不再像上次一样坚定。

他依然明白，意大利的力量不堪一战，但他又实在无法眼睁睁地看

法西斯狂徒 墨索里尼

1940年，墨索里尼和希特勒在他的私人车厢里会谈

着希特勒节节胜利，而自己因为"胆怯"连一杯羹都分不到。他再一次犹豫了。他先给了里宾特洛甫一个模棱两可的答案，表示参战是一定的，但参战的时间有待商榷。如果在意大利没有做好准备前参与战争，也只会给伙伴增加负担。他还明确地提出，意大利没有能够进行长久作战的经济储备。

希特勒当然不能满足于这个结果。

1940年3月18日，这两大独裁者在墨索里尼的私人车厢里进行了一次会谈，作为东道主的墨索里尼在会谈的过程中几乎什么都没说，只有希特勒一个人天花乱坠地动员着。

在希特勒的言论中，墨索里尼确实地认识到，意大利是不可能保持中立直到战争结束的，更不可能求得与英法的合作。如果意大利希望成为一个在国际事务中有一定发言权的国家，它就必须要参战。

墨索里尼认可希特勒所说的道理，但他仍然表示，参战的日期需要推迟。意大利愿意为战争做更多事情，但不是现在。

有备而来的希特勒没有理会墨索里尼的这一要求，他分析当前的局势，建议意大利提供一支强力的作战队伍，与德军的一支一起在法国决定胜负，趁着德军主力的胜利，击溃法国。法国战败后，意大利在地中海称霸，英国也就必须求和了。

在他的分析下，墨索里尼仿佛看到自己坐享其成的未来。自己只需要在德国人艰苦的战斗后，付出一点点儿，就可以分享胜利的果实，称霸地中海，这么好的事情，为何不做呢？

于是，墨索里尼终于松口，承诺只要德国成功推进，意大利就会立刻参战。但他仍然留了一个心眼儿，露骨而胆怯地讨价还价，表示若德国方面的进展迟缓，他也就不能立刻加入了。

不管最终的态度如何，至少表面上，墨索里尼终于做出了参战的承诺。

随着希特勒之后不断的胜利，墨索里尼对于希特勒愈发崇敬，他的好战基因不断涌动，也变得越来越亲德。当希特勒终于发起向法国的进攻时，墨索里尼不安地表示，也许希特勒完全可以单独赢得这一战。他认为意大利不能再犹豫下去了，要尽快地宣布参战。

然而，对于意大利的争取并不止希特勒在进行。英国政府也是千方百计，希望可以争取墨索里尼的友好态度。1940年5月，接任张伯伦首相之位的丘吉尔给墨索里尼写了一封威严且格调很高的呼吁信，信中希望两国可以排除一切争端，重归于好。写得十分诚恳。然而，墨索里尼对此的反应却非常冷淡。墨索里尼在回信中明确地表示，意大利要遵守"钢铁盟约"，与德国站在一起。从回信中可以看出，墨索里尼已经横下心，决定将自己的命运与希特勒紧系在一起了。

5月13日，他对齐亚诺说，要在下月之内对法国和英国宣战。

5月26日，加来沦陷了，比利时宣布投降，敦刻尔克大撤退开始。希特勒在西部战场大胜，而更令英法军担忧的是即将参战的意大利将会燃起另一路战火，而英法军此时已经无力应付这一切。

这彻底为墨索里尼下定了决心。他通知意大利的将领们，他决心要宣战了。他认为时机已经到了，如果再等，就会错过这最好的机会。因为再等一等，法国可能就会彻底战败，他的参战也会失去意义。

英法方面再次打算与墨索里尼和谈，希望可以与墨索里尼合作。他们在地中海问题，甚至国土上都甘愿进行一些让步。但此时处于战争狂热中的墨索里尼对此不屑一顾。

墨索里尼确实选择了一个很好的宣战时机，尽管面对着罗斯福的满腔愤怒，和对他"乘人之危"、"暗箭伤人"的指责，他依然对自己的选择得意扬扬。他此刻最大的愿望，就是在德国获胜前，还能再遭受次比较大的打击，毕竟，他并没有忘记，德国会是他最后要收拾的敌人。

时间若倒转回1939年的9月，那时，德国的将领们曾经非常期待意大利的参战，但时至今日，他们也觉得意大利是否参战无所谓了。甚至，他们认为，此时意大利保持中立的态度对于他们可能更好。

4月份，墨索里尼提出要迫使南斯拉夫屈服，但德国人不想让他染指这一重要原料产地，于是，他就立刻改变主意，转向要入侵希腊。5月底，希特勒劝说他远离巴尔干地区，墨索里尼又立即照办，重新下令，将枪炮对准了利比亚。

在阿尔卑斯边界，虽然要对法宣战，但墨索里尼仍然下令，不许军队发动进攻。他希望自己的军队可以保持完好，也想避免失败后自己在希特勒面前丢人。这样的"宣而不战"都看在希特勒的眼里。

墨索里尼向英、法宣战的消息在国内也受到了阻拦。陆军参谋总长巴多格里奥元帅对此持强烈的反对态度。但墨索里尼依然故我，反而接受亲德元帅罗洛夫的怂恿，决定在6月5日以后的任何适宜的时候宣战。其后，在希特勒的要求下，宣战的日期延至6月10日。

6月10日，墨索里尼慷慨激昂地发表了他的参战宣言。一如既往，

巴多格里奥元帅

1940年6月10日，墨索里尼在威尼斯宫的阳台上向数万意大利国民发表旨在灌输法西斯思想的演说

第六章 二战之路：处处受挫，仓皇摇摆

法西斯狂徒 墨索里尼

1940年6月对法军的作战中，一个意大利山地步兵团在白雪皑皑的山坡后躲避炮击

法西斯的暴徒们对领袖的决定是狂热的欢呼和支持，而生活在意大利的百姓们却感到一种深刻的不安，他们知道，平静的生活快要消失了。

1940年6月10日，意大利正式宣战后，人民的反应令墨索里尼不够满意，与他想要的热烈支持不同，人民对于将来的战争茫然无措。不过，墨索里尼对此并不担心，基于他战争持续不了多长时间的设想，他下令让意大利百姓如常生活，他觉得不需要做到全面动员的地步。同时，他让内阁大臣与法西斯的领导都曾前往前线作战，这不是第一次，也不是最后一次。他喜欢以此方式给人一种印象：法西斯的党徒，即使从未经过军事训练也是了不起的战士；与此同时，墨索里尼也希望借此体现他的政治能力，让人们看到，即使没有大臣在一旁帮助，他一个人也可以治理好国家。

但实际的状况是，没有军事能力的大臣在前线狼狈不堪，失去大臣的行政机构则乱作一团。

宣战之后，意大利即刻开始攻击阿尔卑斯阵地上的法军，而英国也立即对意大利宣战。于直布罗陀海峡被阻拦的五艘意大利舰只被夺走了。英国海军截取了海上所有的意大利船只，把它们统统带至英国海军控制下的港口。6月12日，英国的轰炸机队在都灵和米兰投射了它们的炸弹。墨索里尼尝到了战争的苦果。

直到6月17日，法国提出停战的当天，墨索里尼才下令让阿尔卑斯山的意大利军发起进攻。因为他突然意识到，在整体战斗结束以前，占领一些敌人的土地是非常重要的。但这个决定显然是非常荒谬的，因为在他的命令下，意大利的部队此前都在进行防御，而由防御转向进攻需要好几个星期的时间。但墨索里尼将一切阻力视作无物，他甚至还要求德国人拖延停战协定的签署，以便他发动这最后且唯一的攻势。

进攻尚未开始的时候，墨索里尼就给德国开出了一份领土清单，以此作为停战的条件。这份清单的内容包括法国南部、科西嘉、法属索马里以及突尼斯。但很快，他就改变了主意，声称不要任何法国的殖民地。参谋人员非常意外于他的决定，就连德国人都对他的改变感到不可相信，因为这几块地方对于接下来的作战有着决定性的作用，若不将之据为己有，之后的战争恐怕会很艰难。而实际上，墨索里尼只是凭直觉做事，毫无逻辑可言，更不愿意征求别人意见，而后悔后，又怕别人讥笑自己行事无常，就硬着头皮不再改主意。

他的这一作为，为意大利之后的失败埋下了伏笔。

当希特勒准备到慕尼黑去商讨和法军的停战事宜时，意大利所属的约32个师已经战斗了一周。可他们的攻势却丝毫没能使得力量薄弱、被认为不堪一击的法国六师后撤。对此，墨索里尼感到极度丢脸，他曾经吹嘘自己的军事力量，可是当这些纸面力量摆在实际的战争中，却显得如此无力。

在准备与希特勒一起去商讨对法军停战的路上，墨索里尼的心情十分沉郁。他不安地发现，在这次的战争中，意大利并没有做出任何积极的贡献，所有的胜利都是希特勒带来的，也因此，他觉得自己低希特勒一等，特别是在会谈上，希特勒断然拒绝了意大利企图占领土伦与马赛在内的罗讷河流域，同时要使科西嘉、突尼斯和吉布提解除武装的要求。在希特勒强硬的态度下，墨索里尼越发觉得自己成了一个配角。

最让他难以忍受的是，希特勒拒绝了墨索里尼参加与法国停战谈判的要求。墨索里尼清楚地知道，希特勒现在是一个真正的胜利者，他的胜利果实从头到尾都没有打算与任何伙伴分享，更别提——墨索里尼自己也心知肚明——这个伙伴并没有帮上什么忙。

不过，希特勒还是答应墨索里尼，在法国和意大利签订停战条约前，德法间的条约将不会生效。但这样的让步并不能让墨索里尼满意。

和平的曙光近了，可墨索里尼却愈发地悲哀。他觉得，他一生渴求着的战场的荣光越来越远。当和平降临之时，他所有的梦幻也便都将成为泡影。他不愿意放弃，仍然静待着一个可能实现自己一生理想的机会。他认为，那个机会一定会来。

第四节
与英国争夺非洲殖民地

战争中意大利的表现已经让世界看到,意大利在军事上相比于其他强国还十分落后。但墨索里尼的言论依然强硬,他宣称他们取得了巨大的胜利,得到了法国的大片国土。毕竟,以他一贯的思路,无论如何不能承认是自己决断的错误。然而这一次,不管他怎样控制媒体言论,亲身参战的几十万士兵都不可能再任他胡说而不走漏一丝风声了。

无奈之下,墨索里尼只好拿出了自己的杀手锏,将一切归罪给军队,甚至将一切归罪于整个意大利人民。他甚至说,没有能够取得足够大的胜利(然而还是胜利了)主要应该怪罪资产阶级和他们的物质生活,他们的骨子里是反对法西斯的,因为他们的不服从,才会导致如今的恶果。

从内心深处来说,墨索里尼仍然相信,未来的战争会发生在德意之间。因而他不希望处处低希特勒一头,害怕意大利就这样变成德国的附属。他越来越希望有一场战争可以让意大利单独去应对。但他同时也心生忧惧,害怕希特勒会与战败的法国结盟。在他心目中,法国只是一个战败国,只配赔款割地然后永不翻身,他无法容忍这样的国家与意大利相提并论。并且，他希望英国不要立刻屈服于德国，他希望意大利与英国之间，可以发生一场实打实的较量。

他从外交官处得知，此时的英国已经走到崩溃的边界，这一点证实了他对英国的蔑视。在这一事实的鼓励之下，他再次要求德国参与入侵英国的战争。德国拒绝了他的要求，他们认为，意大利只需要在地中海战区发挥自己的实力就可以大有作为了。对这种说法，墨索里尼非常不满。

因为对于速胜的深信不疑，墨索里尼在当时做出了许多后来看来过于轻率的决定。首先，他下令让部分士兵复员，回到农村为意大利的秋收增添助力；其次，在筹备对南斯拉夫的进攻的同时，又准备入侵埃及，这样导致了两边的兵力都被削弱。

另一方面，他的决定并没有与当时的陆军参谋长格拉齐亚尼元帅相商，不懂军事的他全凭想当然，认为意大利在地中海地区拥有绝对的实力，也并不曾考虑10万人在夏季穿越沙漠会遇到怎样的问题。

他的心中只有一个目标：入侵英国，尽可能地占领敌人的国土。他的决定再次令将领们震惊。在两地同时发起进攻？并且对手是英国这个强国，这对于当时意大利的实力而言简直是让人难以置信。墨索里尼却不以为然，他的计划总是随心所欲，他认为，进攻是不需要准备的，想要发动就可以立刻发动。他对于将军们的担忧感到轻视，全然没想到自己的决定给那些人的生命带来了多大的威胁。

此时的墨索里尼做起了控制地中海和建立新罗马帝国的春秋大梦。他现在已经无须防御在突尼斯的法国人，于是，他的兵力可以更加集中，武装得更为强大，专心地进攻埃及。在全世界都瞩目着英国的局势时，墨索里尼为了能够称霸非洲，与英国争夺非洲的殖民地，在6月10日正式宣战之前就早早地做好了准备，在北非集中了大量的部队。

与英国开战后，在战场上，英国军队以寡敌众，却狠狠地给了意大利一个下马威。在战争的前三个月里，意大利伤亡人数达到3500人之多，七百余人被俘，英国却只损失了一百五十余人。第一个阶段的战争，在纸面实力大胜的前提下，意大利军队却吃了大亏，对此，墨索里尼恼羞成怒，下定决心要把埃及和索马里拿下，把英军从非洲赶出去。

索马里的攻陷十分顺利，在将索马里攻下后，意大利的军队开始进入埃及。墨索里尼兴高采烈，但是并没有大意。他深知，想要称霸非洲绝对不是三下五下的事，还有更难打的仗在后边。

相对的，此刻的丘吉尔也正苦苦思量。他在腹背受敌的情况下，要考虑的问题更加繁杂。但即使与墨索里尼所处的状况不同，他们却同有着一项共识，那就是，欲夺非洲，先要拿下地中海。地中海是支持非洲战争一切物质基础的管道。对于英国来说，拿下地中海是他们在这场双线作战的危局之中最重要的生机。

7月8日，英国的坎宁安海军上将在一场遭遇战中大胜了意大利海军，首先确立了英国舰队在地中海的优势地位。在这场战争后，墨索里尼的海军受到了很大的打击，几乎是一蹶不振。

这次海战的失败是一次代价极大的错误，最直接的原因就是由于墨索里尼不愿将责任落实到个人，也不愿组织起一个能迅速作准确决定的指挥机关。还有一个原因在于，墨索里尼曾经决定让海军的重型舰避免参与大规模战斗，以此来避免意军的损失，他想要获得胜利，却又想保持意军的实力。但实际上，若墨索里尼愿意多冒一点儿风险，就可以封锁地中海，将英军彻底拦截在地中海之外。

最让人觉得不可思议的是，即便墨索里尼已经知道英国人放弃对马耳他岛的保卫，但他仍然不发起进攻。他后来承认，这是一个战略上的极大失误。但他将责任又推给希特勒，因为希特勒不承认地中海战区的重要性，不给他们提供足够的援助。这一指责显得非常无理取闹，因为将希特勒的援助一再推开的不是别人，正是墨索里尼自己。他当时一心想要独自赢得战争，担心德国的影响力扩张，为此他还特意找借口，说德国人在北非与英国人相同，会像失水的鱼那样，难以有效战斗。

实际上，希特勒在5月就已经提出要提供坦克协助意大利入侵埃及，7月又再次提出此建议。到9月，他已经要求两个德国的装甲师进行沙漠作战的训练。如果墨索里尼可以接受这些帮助，战况绝对不会是后来那样。

但刚愎自用的墨索里尼就坚持意大利人要独自应对埃及，并推测英国此时集中抗德，应该没有精力再来照顾埃及战场。6月、7月他连续两次下令进攻埃及，都被将军们以装备不足拒绝。8月，在听说德国即将入侵英国后，墨索里尼立刻向格拉齐亚尼元帅第三次下令，这一次，将军们开了一次作战会议，得到的结论仍是，目前意大利的力量远远不能发动一次穿越沙漠的大进攻。格拉齐亚尼勇敢地指出，意大利在地中海的优势根本是虚假的宣传，大量的摩托化装备积压在南斯拉夫，一时间也难以调来。这一切过错都在墨索里尼，但他自己却毫不反省。但不论将领们有多少意见，墨索里尼依旧强硬地命令他们必须挺进。

1940年9月13日，令墨索里尼期待已久的行动终于开始了。意大利共六个步兵师和八个坦克营越过埃及边境慢慢推进。此时的英方有三个步兵营，一个坦克营，三个炮兵中队，两个装甲车队的掩护部队。英国的部队以他们擅长的边战边退的方式作战，他们一面对摆在他们面前正面攻来的法西斯军队进行攻击，一面缓缓地撤退。另有两个纵队的意军，在墨索里尼的指令下，向绵延的山脉以南广阔的沙漠移动着。他们使用着英军口中叫作"刺猬"的阵型——前边是炮兵，步兵乘着卡车在中央。英军面对这支强大的队伍，选择了撤退。他们没有与这支部队正面相撞，而是利用各种机会袭击这些敌人。

9月17日，意大利军队抵达西迪巴拉尼，与英军发生了一场遭遇战，在这场持续四日的战斗中，英军仅有40人的伤亡，而意大利的伤亡人数是英军的十倍，另外还有150辆车被破坏。在此处，意军的交通线延长了

60英里，他们打算在此驻守三个月。而在这一过程中，他们不断受到英军机动部队的骚扰攻击，补给上遇到了很大的问题。曾经对这次进攻非常有信心的墨索里尼在这几个月间也逐渐对此丧失了信心。

墨索里尼不再执着于这一次战斗，转而准备发动一次规模更大的进攻。而此时，英国战场的西线得到了一些缓和，希特勒的"海狮计划"快要破产，丘吉尔一方面对西线没有松懈，另一方面在中东开始采取更加强硬的行动。大量的援军和军事物资从地中海运向前线指挥部，英军在马特鲁港的防御得到了很大程度的巩固，英国接着打算从本土和印度抽调兵力，强化中东，特别是西非沙漠的部队。

英军对于击退墨索里尼有着十足的信心。他们认为，意军的交通受到限制，其能用于进攻马特鲁港的最多三个师的兵力面临着严重的给养问题。而针对意军的部队，负责应对的威尔逊将军拥有第七装甲师以及新调来的坦克团、第四印度师、由五个步兵营组成的马特鲁港驻屯军、一个机枪营和八九个炮队，另还有一些来自澳大利亚和波兰的援军。威尔逊将军认为，只要空军能够进行强大的后援，这些军队足够应对意军的攻击，打下一场胜仗。

在此形势下，英军决定，即使意大利按兵不动，他们也会主动出击，先发制敌。

第五节
入侵希腊，遭遇顽强抵抗

墨索里尼从来是贪心不足的。在非洲还没有和英国争出个输赢的时候，他又把目光转向了巴尔干半岛。在他的心中，巴尔干半岛是他的囊中之物，是他迟早要吃到的美食。即使今天它们还没到手，他也决不允许别人对着他的食物垂涎。

于是，在攻打埃及的战局还在胶着的时候，从柏林传来的希特勒即将进攻罗马尼亚的消息激怒了墨索里尼。看着希特勒在完全没有告知他的情况下对"他的东西"出手，墨索里尼夹带着激愤、羞恼和一点儿在希特勒面前不愿服输的倔强，做出了出兵占领希腊的决定。

"希特勒这只鬼狐狸，老是强迫别人接受既成事实。这一回我要给他一点儿颜色瞧瞧，不久，他就可以从报纸上看到我占领希腊的大标题了。"他声嘶力竭地怒吼着。

希腊是巴尔干半岛上的一块巨大的肥肉，三面临海，海岸线长而曲折，有无数优良的港口，东北与保加利亚和土耳其比邻，北有南斯拉夫，西北和阿尔巴尼亚接壤，领土内有大量半岛和岛屿，在军事上，具有极为重要的战略地位。墨索里尼打着如意算盘,假如他能拿下希腊,那么之前希特勒取得的胜利也就没有那么不可超越了,他也就能够在希特勒面前挺直腰杆。而且,一旦得到希腊,那么,控制地中海,乃至称霸非洲,就都不是梦了。

墨索里尼越想越高兴,他脑中的新罗马帝国地图又一次展开了,他感觉到无形的冠冕正要戴在他的头上。

当然,他不可能把自己的这些空想说给他的下属。1940年10月15日的清晨,墨索里尼召开了一次军事首脑的大会,在大会上,他煞有介事地分析了战局,并作出了10月26日就出兵希腊的决定。他首先分析了夺取希腊的意义,如果夺取希腊,将希腊的战略位置优势转化为己方优势,那么他们在地中海与英国的对峙局面必然会向有利的局面转换。然后,他对着军队的元帅们提出了他自己认为的有利条件,他表示,南斯拉夫一定会保持缄默,德国在罗马尼亚站稳脚跟且保加利亚实力增长的前提下,土耳其方面出于对这两个国家的忌惮,应该也不会干预。在这场战争中,意大利应该关注的是保加利亚的作用,有必要的话,应当使保加利亚对在马其顿获得一个出海口的觊觎得以实现,以求获得这次战争中保加利亚的助力。

然而,墨索里尼自认为高明的分析并没有获得大部分人的认同。墨索里尼始终认为,以希腊的实力和状况,对于意大利的进攻,应当不会做太长久的坚持抵抗。即便很多人警告他,希腊的抵抗一定会非常激烈,他也始终不以为意。

意大利的陆海空三军参谋长们纷纷向墨索里尼进言,他们从实际作战的角度出发,劝告墨索里尼,当前是入秋之际,山岳之间作战困难很大,谍报部也不断地发回信息表示希腊军的抵抗将会非常激烈,如果意大利一定要进攻,也必须要非常谨慎,缓慢前进。陆军总参谋长巴多格里奥元帅提出,现在意军可以调用的兵力不多,要进攻希腊,仅仅靠驻扎于阿尔巴尼亚的军队远远不够，布列贝萨的浅滩又无法使海军登陆，这样的条件下，意大利经不起战争中的任何拖延，如果不能速战速决，拉长的战线必然会掏空意大利。但从实际情况来看，速战速决几乎是不可能的事情。因此，元帅坚决地表示，如果墨索里尼不停止这个念头，他会选择辞职。

墨索里尼对将领们的悲观情绪非常不满，对于这些人的进言，他只当是耳旁风，反而对驻屯于阿尔巴尼亚的意大利军司令官维斯孔蒂·普拉斯卡将军、副总督法兰吉斯格·雅科莫尼将军以及外交部部长齐亚诺表示了赞赏，他们不但赞同墨索里尼的这个计划，并且都期望他的这一行动可以给不可一世的希特勒一个下马威。

就这样，墨索里尼不假思索地无视了各种反对意见，在亲信们的赞美声中，悍然决定入侵希腊。

10月22日，墨索里尼将原本的突袭日期改至28日，他当天写信给希特勒，模糊地提到了自己打算有所行动，却将行动的性质和时间含糊带过。

墨索里尼在脑海中设想了一个美妙的局面：当他顺利地以征服者的姿态进入雅典后，远在非洲的开罗也将对他山呼万岁。他从来没有把攻下希腊当作什么难题，当时土耳其已经宣布自己为非交战国，而与希腊结盟的英国正忙于双线作战，无力外援。从获得的情报里，他几乎认定，希腊的抵抗时间不会长，很快，这块肥肉就会被他吃入腹中。

10月28日，意大利驻雅典公使把最后通牒送交希腊首相梅塔克萨斯将军，通牒之中，墨索里尼要求其对意大利军开放全境，与此同时，驻扎在阿尔巴尼亚的军队也开始进向希腊。

但希腊并不如墨索里尼所想的对于这一切毫无准备。他们断然拒绝了意大利的通牒。于是，一场侵略与反侵略的战争又一次爆发在欧洲的大陆之上。

意大利的格拉齐亚尼将军虽然高居陆军总参谋长之位，却直到攻打希腊行动已经开始的时候才在广播中得到这个消息。海军和空军方面较他略早，但也没能来得及提出异议。

一场这么大规模的战争，海陆空三军竟然都不能及时知情，那很多危险的状况自然就无法被看到了。原本从海军方面可以告知墨索里尼亚得里亚海彼岸不存在适合的港口供意军进行登陆；参谋们也都知道，在攻打计划开始的几天，雨季就要到来，在这种状况下，没有地图又没有道路，这样的山地作战可说是困难重重。但对于墨索里尼而言，即使有人告诉了他这些，他也不会在意，他一向不在乎细节，他只期待着几日之内大获全胜，将希腊这块肥肉吃入口中。因此，在寒冷的冬季天即将到来之际，也没有人去考虑是否应该给作战部队分发冬衣。

墨索里尼在事后发表了一系列经过修改的证据来掩饰他的失职。他选择的将领们无一坚持自己的意见，只会顺从墨索里尼的选择。而这一时期的墨索里尼认为，任何反对与劣等的希腊人打仗的人都应该被枪毙。

为了能够消除一部分疑虑，墨索里尼声称，他手上握有希腊的机密情报，足以保证战争的胜利。但可惜的是，这一说法并不是真的。他还曾设想得到保加利亚对他的支持，但最终也没能获得。奇怪的是，对于保加利亚的支持，他也不曾真正付出什么实质的努力去争取过。大量以阿谀奉承为目的的所谓"密报"显示，他们的攻击将如一次列队前进般顺畅，因为对手不但质上落后，量上也仅仅是意大利的一半。不过，当时也有大量更加权威的信息显示事实与这份密报正好相反，但墨索里尼拒绝相信那些他不愿意相信的东西。

墨索里尼手里还有一张王牌，他认为，希腊的将军们已经被法西斯收买了，面对接下来的战争，他们将不做出抵抗。这一手段在早前的阿比西尼亚和阿尔巴尼亚也曾出现过。为了能顺利收买那些希腊政客，墨索里尼拨出了数百万的巨款，然而这些钱其实大多落在了法西斯分子的口袋，他们挪用公款、中饱私囊已经不是一天两天。

总之，到最后，墨索里尼所期待的叛乱并没有在希腊的阵营里发生。反而是意军方面，他们的阿尔巴尼亚雇佣军纷纷倒戈，给他们带来了很大损失。

为了在希腊制造"事变"，墨索里尼进行了很多仓促的准备。这些事变会成为他保卫意大利、攻打希腊的借口。他对那些依旧怀疑的同仁们表示，希腊之战必定会是一场闪电战，与德波战争一样，他们只要对大城市进行轰炸，便可胜券在握。

值得注意的是，直到此时，墨索里尼也没有叫停士兵复员的工作。也许他是怕突然地叫停会让人们抱怨法西斯政策的反复，也许他根本就是把这件事忘在脑后了。

战争开始的当天，墨索里尼在佛罗伦萨迎接来参与轴心国领导人会议的希特勒，他开心地欢迎道："元首，我们在进军！胜利的意大利军队已经在今天黎明越过希腊—阿尔巴尼亚边界了！"

听到墨索里尼的话，希特勒心里十分愤怒。他深知，现在并不是一个进攻希腊的好时机。这样轻率地动手，不但意大利自己会失败，甚至会对德国在巴尔干的一系列计划造成很大破坏。他本来想在这次会面中阻止墨索里尼的行动，没想到还是太迟了。

之后的战况证明了希特勒的担忧。这场战争仿佛多米诺骨牌的第一块，推动了意大利在整个地中海和非洲的一系列失败，也给德国军事布局产生了非常消极的影响。

墨索里尼种种异想天开的预测都落空了。希腊的抵抗远没有他所想象的软弱，而英国也并没有因为双线作战而放弃支援希腊。在战争的过程里，英国的海军力量不断地在加强，因为在交通补给上的优势，他们逐渐地强化着自己的武装。10月29日，在意军向希腊进攻的第二天，丘吉尔就做出了判断，他非常明白，一旦希腊被攻破，他们在地中海的战局也将变得困难。应希腊政府的请求，英军很快占领了克里特岛最佳良港苏达湾，以此为中心，保卫克里特岛。

11月2日，英军派出四个轰炸机中队，袭击墨索里尼在塔兰托的舰队，并骚扰意大利南部。

11月3日，丘吉尔进一步阐述了援助希腊的重要意义。

相比希腊和英国的小心翼翼，墨索里尼的舰队却没有对英军占领克里特岛做出什么特别的反应。墨索里尼此时依然在做着可以轻易拿下希腊的美梦。

11月11日，英国海军上将坎宁安利用实力大增的舰队飞机发动了一次袭击。袭击目的是停在塔兰托主要基地的意大利舰队。这次袭击非常成功，意大利舰队在一片火光之中遭受到了沉重打击，而英国则只有两架飞机被击落。这次袭击之后，英意在地中海的海军力量对比出现了很大变化。

此后，墨索里尼的战舰有一半在六个月内无法战斗。而同天，意大利空军在对大不列颠的空袭中有13架被击落，损失不可谓不惨重。

在英国的援助下，英勇善战的希腊部队也没有拖后腿。面对取道阿尔巴尼亚的意军，他们积极迎战，在山地中显现出了高超的战术，屡次出奇制胜，迫使意军沿着整个战线后撤了30英里。

战争初期，希腊仅仅15个师团的兵力与意大利奋勇作战，可在一周的激战之后，就将意大利军赶回了阿尔巴尼亚。

1941年1月7日，意军无奈之下停止进攻。

墨索里尼原本的算盘打得很简单，他理所当然地认为纸面实力过硬的意大利必然可以旗开得胜，一举打下希腊。自己到时不但能得到一块战略地位极高的地盘，还可以打压希特勒的功绩，与他平起平坐。然而，在实力不被看好的情况下，希腊人利用有利地形、精妙战术再加上保家卫国的顽强抗争精神，依然在这场战争中占据了上风，令整个世界为之侧目。而为了利益背负着不义之名的意大利军，不仅战败，在国际上的名声也更臭了，可谓赔了夫人又折兵。

其实，早在意军停止进攻之前，也就是 1940 年 12 月 4 日，墨索里尼就曾打算通过希特勒来要求停战。可得知消息的齐亚诺却十分愤怒，他不能容忍再向德国人低头。他强硬地劝说道："严峻的逻辑告诉我，尚未全面崩溃之前，仍有可能在发罗拉设置桥头堡，并以新的兵力在斯库姆维尼河岸建立一道安全防线。现在，要紧的是顶住，坚守阿尔巴尼亚。时间会带来胜利，如果我们放弃，那就一切都完了。"

心存侥幸的墨索里尼听了他女婿的话，心中又滋生了一线希望。他又何尝想要放弃希腊这块肥肉，何尝想要屈居希特勒之下呢？于是，他改变了主意，继续增兵，并调整前线的指挥者，再次发起攻势。

可最终的结果，没能如他所愿，意军最终还是停止了进攻。

看着希腊的战局，想到墨索里尼无视自己的擅自行动，旁观的希特勒越来越愤怒。在他看来，墨索里尼的行动给他带来了巨大的麻烦。一方面，因为墨索里尼的行动，南斯拉夫、保加利亚和法国的贝当政府对于加入轴心国产生了更大的犹疑，而希腊的梅塔克萨斯将军则对于同盟国阵营更加死心塌地；另一方面，苏联对巴尔干也产生了兴趣，使得他们在东方出现了新威胁，而战争的过程中，英军军事力量的增强，也令西线战场的德军压力倍增。

希特勒致信墨索里尼道："这次行动对在埃及即将进行的沙漠作战也产生了严重影响。看形势，这场攻势必得延长到来年举行了。虽然我们很不愿意，但到了来年，势必得派遣军队到希腊帮你收拾残局。"

面对希特勒的指责，墨索里尼既愤怒又无奈，他愤怒于希特勒以上位者的姿态批评他，却也必须无奈地承认，这次希腊战场的失败确实遗患无穷。但他仍然不愿承认这一切是自己的过错，他将责任推到参战的将领身上，非难陆军参谋总长巴多格里奥元帅，并借机逼迫他辞职。

可是，即便他找到百般理由，也无法改变意军在前线的节节败退的事实。巴多格里奥元帅辞职后，墨索里尼又一次调整了前线的指挥人员，然而12月初，希腊军再次突入意大利阵地的消息大大地打击了他。他感到前所未有的惊恐，却还要强自装作镇定。新上任的前线总参谋长卡瓦莱罗将军是个乐天派，在这样的情况下依然认为事态平静，没有什么不可挽救的。对此，墨索里尼仿佛抓住了救命稻草，将直接指挥军队的大权交给了卡瓦莱罗。

被外界看到这种让人丢脸的失败是墨索里尼的耻辱，于是，他不断催促陆军重新发起进攻，但是没有任何效果。他想要实施一场狂轰滥炸，将居民多于万人的希腊城市全部夷为平地，用白色恐怖毁灭希腊人的斗志，却被指挥官冷静地指出，这是不可能完成的。即便那些人中有人迫切地渴望晋升，不断附和墨索里尼胜利的幻想，但是总有诚实的人跳出来，戳破梦境，带来现实。

巴多利奥元帅站了出来。他果断地指出了，这场战争完全是出于政治因素被强加在军队的，所有略有常识的军官都很清楚，这场战争从军事的角度上看，是荒谬透顶的。他毫不讳言地指责墨索里尼的妄自尊大，认为就是他一手将意大利引向失败的深渊。

墨索里尼从来不是一个会听人意见的领袖——若是，也不会有这次的失败了——在墨索里尼的世界里，没有什么人是必不可少的，唯一不可缺少的因素，是他个人至高无上的威望。为此，他不断地找理由，不断地归罪他人，开除了一个又一个有能力的大臣。

在意军持续向阿尔巴尼亚境内撤退时，更多的人开始意识到，在巴尔干半岛开辟战场完全就是一个失败的决定，意大利明显应该坚持攻击北非。一个被派往利比亚的军事专家说，如果接受德军协助，意军就能够轻松击败埃及境内的英军。墨索里尼执着于独自在埃及获胜的信念，结果，收获的却是接二连三的败绩。

对墨索里尼和法西斯来说，战争的态势仍在一步步恶化。1940年的圣诞是难熬的，特别是对于那些在希腊战场上作战的法西斯暴徒们来说。可是纷飞的大雪、刺骨的寒冷没有浇熄墨索里尼的战意。他心血来潮地认为，这场严寒应该警醒了意大利人，他们时来运转的时候到了。他再次计划发动新的进攻。可当他急匆匆与卡瓦莱罗开始商讨计划，要将热血落实到实际的战局时，他们勉强地做出了派两个师前往希腊展开新攻势的计划，却在之后被一连串的失败再次打击。

墨索里尼对此无奈地表示，从政治的角度上，他的判断没有问题，希腊是被孤立的，只是意大利的军队令他失望，辜负了他的期待——他依然不愿意承认自己的决策有任何问题。

与希特勒再次会面的日子越来越近，墨索里尼越来越焦躁，害怕自己无法以独立的力量取得胜利，一旦要接受希特勒的帮助，他又要以低下的地位与希特勒对谈了。他将于1月18日前去与希特勒会晤，在希特勒的援助未到时，他仍贼心不死地再次调兵遣将，于1941年1月和3月两次对希腊发动攻势，却均被击退。在希腊军民爱国主义热情高涨，越战越勇的鼓励下，阿尔巴尼亚人民的反法西斯游击也蓬勃发展起来，二者前后夹击，令法西斯军队十分狼狈。

在力量极度处于劣势的情况下，希腊军以其顽强的战斗精神，抵御意军的攻击，造成了意军两万余人的死伤和五千士兵被俘，墨索里尼暴跳如雷，甚至战前换将，却依旧无法改变他们的劣势。他可笑的雄心壮志，就如在希腊战场屡屡受挫的意军一样，被打成落败的公鸡，既可恶又可悲，令人可堪一笑。

第六节

克里特岛战役：德国人给墨索里尼上了一课

1月18日终于到了。墨索里尼再不情愿，也必须进行与希特勒的会晤。希特勒是以一种意外的和缓态度出现的，比起墨索里尼，他的态度甚至堪称热情。他甚至一改之前信中的不满态度，表现出了对墨索里尼的谅解。

但墨索里尼对此并不领情，他觉得希特勒的态度就如一把精美的小刀，样子好看，却刀

1941年1月，希特勒和墨索里尼举行决定性会晤

刀到肉。此时希特勒的亲切表现，甚至比直接的责备更让他不舒服。他知道，希特勒就是要逼迫他领情，若这次他接受了希特勒的好处，他可能将永远低希特勒一等，再也抬不起头，永远成为希特勒的跟班。他暗暗下定决心：绝对不接受来自德国的任何帮助。然而，在利益面前，他很快就自食其言了。

在正式会议上，希特勒客气而热忱地表达了自己帮助意大利的愿望，并没有过多责备意大利失败的表现，他只是坦率地指出了意大利错误的决定令德国在巴尔干半岛的地位受到了一些威胁，但德国依然会和意大利站在一起，共同面对这个威胁。

在这次会议上，希特勒将矛头主要对准了苏联。他向墨索里尼阐明了苏联这个社会主义大国将会形成怎样的危险，表明了自己会将军事重心放在进攻苏联的"巴巴罗萨计划"。

当然，在执行对苏联的进攻前，德国会彻底解决巴尔干半岛这个"欧洲火药库"的问题。希特勒命令德国参谋部即刻制订计划，要至少以十个师的兵力经保加利亚入侵希腊，这十个师首先将派往罗马尼亚，之后还会继续增加。

在希特勒的极富说服力的劝导下，墨索里尼接受了他的计划。在会谈上，墨索里尼把意大利当前的状况讲给了希特勒。双方在会议上决定，轴心国要在巴尔干半岛的问题上同进退。

这次会谈之后，墨索里尼回国立刻组织了又一次反击，他还心存侥幸，希望可以在德国介入前获得一些值得称颂的胜利，但结果仍是失败。

从开始战争以来，墨索里尼就深深感觉到了国家机器的难以操控，许多事情无法如他所希望的去执行。军队、政府、内阁之间各自为政，互相掣肘，许多问题积重难返。在当前的形势下，这样的状况根本无法应对。

墨索里尼想要改变这种状态。首先，他必须打破这种官僚的风气。

墨索里尼以身作则，走出威尼斯宫，打算直接和官员们一起工作。然后让各部门的领导离开首都，身赴前线体验生活。

作为外交部部长，也是墨索里尼的女婿，齐亚诺率先报名，去空军服务。

但这样的决定让大部分政府官员们非常不满。他们觉得，这一做法是在迎合其他的政治潮流，不够法西斯，认为墨索里尼此举相当于一种政变。

墨索里尼当然也察觉了官员们的不满，但他以一贯的刚愎自用忽视了闲言碎语的意见，只是在情绪上更加粗暴，态度上也更为强硬。

在前线的接连失利之下，国内也开始出现了一些反对法西斯对外侵略的呼声。内外夹击下，墨索里尼面对国内的严峻形势，决心要进行一次大的清洗。

他对内开始严格审查一些领导角色的名单，做出对军队以及人事的鉴定；对外继续发动一些局部的进攻，鼓舞士气。

另一方面，希特勒已经决定，若"巴巴罗萨计划"可以在春天开始，那么，把巴尔干南翼握在手中就是当前首要之事。1941年2月，德国人在罗马尼亚集结了一支68万人的大军。但与此同时，意大利人依然困于希腊人的防线，无法越雷池半步。这样的状况下，盟国就会在萨洛尼卡以北形成战线，这条战线会使英军得到一个基地，这就会影响到"巴巴罗萨计划"。但这个状况早在希特勒的预料之中，1940年12月，希特勒发布了一条关于"马丽他计划"的指令，让德国用集结于罗马尼亚的军队，通过保加利亚大举进攻希腊。

保加利亚政府相信了希特勒的保证，认为他一定会打赢这场仗，且会让保加利亚得到一部分希腊领土，获得一条通向爱琴海的通道。他们同意加入"马丽他计划"，放德军进入国境。

1941年2月28日，30万德军从罗马尼亚渡过多瑙河，占领了保加利亚的战略阵地，第二天，保加利亚参与了三国条约，成为德国的战斗伙伴。

而对于南斯拉夫，希特勒企图强迫它参与德意日三国同盟。在德国的威逼利诱之下，南斯拉夫的首相和外相在1941年3月25日正式签署了加入德意日三国同盟的议定书。但这一卖国行为立刻引起了南斯拉夫人民的愤怒，在当地共产党的领导下，首都贝尔格莱德和许多其他城市都举行了反法西斯游行。国内的军官也利用民众们的热情，在3月26日发动政变，将旧政府推翻，组织新的政府。

这次哗变令希特勒大怒，决心用武力征服这个国家。

他致电墨索里尼，要求他增援德军在意大利-南斯拉夫战线上的军队，他以利相诱，提出事成之后，会与墨索里尼分享胜利的果实。

墨索里尼依照希特勒的要求，调遣了43个师与德军协同作战。在战火的碾压之下，南斯拉夫立刻被打垮了。

4月13日，德军和匈军开入贝尔格莱德。

4月17日，南斯拉夫残余部队投降，国王与首相乘机逃往希腊。

解决了南斯拉夫问题后，德意迅速调转枪口，开始进攻希腊。在长达六个月的战争中一直苦苦抵抗意大利人的希腊军队，虽然战斗意志依然高昂，却还是无法抵抗十五个师的纳粹军队，即使有英军四个师的急援，仍旧在强大的德国空军和装甲兵面前一败涂地。

4月23日，北部的希腊军队向德军和意军投降。

4月27日，纳粹的铁蹄进入雅典。

希腊的投降举动让英军必须面对后撤问题，凭借着精湛的技巧，在敌军炮火之下，英军进行了五夜的撤退工作，在撤退中安全救出了五万余人。

从此，希腊战役的战斗中心由本土转移至克里特岛，这片希腊国王与政府最后的立足之地，也是重要的部队收容所，此刻无异于德意军的肉

德国伞兵与空投箱一起伞降克里特岛

拖带空投补给箱前进的德国伞兵

第六章 二战之路：处处受挫，仓皇摇摆

中之刺。保卫与夺取克里特岛立刻就成了新的焦点。

4月28日，根据情报机关得到的消息，丘吉尔获知，德意将要从海空两线进攻克里特岛，将通过空中投下大量伞兵进行偷袭，在海空两军到位之前，将会有猛烈的轰炸。他立刻将这一消息告知前线，要求前线的韦维尔将军加强战备。

克里特岛是一个地理形势易攻难守的岛屿。全岛只有一条位于北海岸的公路，敌人只要切断这条公路，就切断了盟军后备军的调度路线。这一状况，使得岛上的增援与给养严重不足，留下了很大的祸根。

法西斯一方空降军的进攻主要计划在三个区域开展，分别为东部的伊腊克林，中部的雷西姆农、苏达、干尼亚，和最为重要的西部的马利姆。在他们完整的作战计划之中，马利姆机场是最为关键的一处，将这个机场抢到手，对于飞机的起降有着重要意义，他们必须借助飞机的多次往返搬运，来运作他们将要参战的大量军队。

从今天的眼光来看，克里特岛的战役是一次古往今来都极为罕见的一场战斗。可能在整个战争史上，这都是第一次使用这么大规模的空降部队开展进攻。

德国空军在这场战争之中的热血就像他们在元首讲话时所表现出的那样高昂。特别是那些凶残且忠贞的降落伞兵，以高超的技巧和死心塌地的精神表现了他们对纳粹精神的忠诚。

虽然只是围绕着一个岛屿的战争，可是为了这场战争，双方都倾尽了力量。

战斗在5月20日正式打响。德军的攻击不顾一切，他们向着自己的目标——马利姆机场——开展了极端激烈的攻击。火力之猛前所未见。他们不计代价地进攻，投下大量的伞兵，在炮火中，他们死伤惨重，却毫无退却。

第一日的战斗之后，德军没有取得马利姆机场，但是大量全副武装的德军已经进入克里特岛，可以自由地出没于各个地区了。

英国司令部没有想到德军会有如此悍不畏死的攻势，他们认为，虽然现在他们基本守住了港口和机场，但是在这样的攻势压力之下，他们未来很快就会失去这些地方。唯一值得安慰的是，他们也给德军造成了很大的伤害。

第二天的战斗中，德军依然不计损失地在英军密集的炮火下进攻，而在这样的攻势下，到了第三天，他们已经可以有效地利用马利姆机场。在之后的几天里，有六百多架载着士兵的飞机往来于此，或成功着陆，或不幸坠毁。

在第一轮攻击告一段落后，德军开始停止对雷西姆农和伊腊克林的进攻，转而集中攻击苏达湾地区。

比起空军方面的惨烈，在海战方面也不遑多让。

5月21日，英舰部署在克里特岛西面监视墨索里尼舰队的舰队遭受了猛烈的空袭，死伤惨重，但在激战之中，截住德军运兵船，溺毙德军四千余人。

22日和23日，英军有共计两艘巡洋舰、三艘驱逐舰被击沉，还有许多舰受到了重创。在如此惨烈的损失之下，克里特岛的海防仍然十分巩固，没有让一个德国人从海上登陆岛屿。

然而，毕竟寡不敌众，守军面对的情况越来越困难。

26日，克里特岛的英军总指挥弗赖伯格将军不得不无奈地向总司令报告，对于苏达湾的防守，他们已经做到了极限，在未来24小时之内，苏达湾都将处于敌军炮火之下。一旦这个区域被攻陷，那么雷西姆农与伊腊克林也不过就是时间长短的问题。如果此刻立刻作出决定，也许还可以撤出一部分人。希望司令部从整个战局的角度考虑，是需要他们撤出，还是继续死守，争取时间。

丘吉尔见电后立刻回电鼓励，承诺会尽快支援，然而事态很快急转直下。27日，支援的希望彻底破灭，英军与其盟友又将面临一次惨痛的撤离。

这次撤离进行得十分艰难，大量的人员、物资都在这次撤离中被毁灭，两万两千余名战斗者中，最终有一万五千余名被救出，其余的便牺牲在了撤离的过程里和法西斯的折磨之中。

克里特岛战役，其重要的争夺战略据点意义使得整个战局格外激烈，在这次斗争中，英国及其盟军死伤一万五千余人，而德军方面的损失则要在此之上。为了获得这次战役的胜利，他们付出了极为惨痛的代价。尽管如此，通过这场战役，德国人还是好好地给墨索里尼上了一课，让墨索里尼知道了差距，从此在希特勒面前更是唯唯诺诺、抬不起头了。

第七节

助德侵苏：妄图分一杯羹，却惨遭打击

在希特勒的帮助下，墨索里尼终于将啃了半年多的硬骨头希腊啃了下来，之后，他没有急于休养生息，而是飞快地将目光投向下一个目标：苏联。在此前与希特勒的对话中，墨索里尼认可了苏联在东方带来的威胁，但与此同时，他深知，威胁越大，里边的利益也就越大。他认为，苏联这块肥肉绝不可能再让希特勒一人独享。

而早已将苏联列入自己最重要计划的希特勒，也自然不会给墨索里尼抢先一步的机会。1941年6月22日，他没有知会任何一个他"亲爱的盟友"，便吹响了进军苏联的冲锋号。直到行动即将开始的前一天，才口授一封长信予墨索里尼。这两个法西斯的巨头间的交往一如既往，彼此之间藏藏掖掖，永远不会有什么真诚相待，推心置腹——在两个国家各自的利益面前，这些本来也是不存在的。

希特勒口述的这封长信，充满着虚伪的推脱。不但不能安抚到任何人，反而更加令人愤怒。希特勒将自己突然出手的行为解释成了免除后患的手段。他曾分析各个盟友的态度：法国始终是不可信任的；而西班牙对

于战争从来都不够坚决，关键之时不能依靠；而日本只有在苏联被消灭后才能放松地应对美国，对其造成威胁。而关于意大利，他实在不希望另一个法西斯来分享他征服苏联的光荣，与其让意大利的军队到苏联去，他宁愿他们照顾好北非的战场，并随时准备在法国违约时与之一战。他认为，法国的土地对于墨索里尼而言应该是一个不小的诱惑。

这封长信并没有改变墨索里尼的想法，对于这场战争的胜负他非常有信心，认为自己一定可以在这一战中捞到一些好处。

可他又高兴得太早了。

1941年6月22日，希特勒的百万大军越过了苏联国界，战争爆发之突然之猛烈，让略有心理准备的苏联军队措手不及，他们甚至没能组织起一次有效的抵抗就被击败了。

德国胜利的消息让墨索里尼兴奋异常，他自忖不能错过这个时机，打算尽快派出军队，由青加莱将军带领，进军苏联。他自认为是轴心国的老二，在赴苏一事上不愿落于人后。

相对于墨索里尼的积极，希特勒就显得有些冷淡，但在墨索里尼的坚持下，仍表示希望意大利的军队可以投入东部的战线。

墨索里尼在战争中依然没有改变他的好大喜功。他对于这次侵苏非常重视，集中了所有的精力观看东部战线意大利军队的表现。他命令媒体，要将意大利军队所有的行动都见诸报纸，并且尽可能地夸大意大利的功绩。对于德国的战功就尽量一笔带过，能不报则不报。

对于希特勒所得到的荣光以及德国所获得的"伟大胜利"，墨索里尼始终觉得无比嫉妒，对于希特勒那无礼专横、高人一等的态度也十分不满。相比于轴心国在苏联得到胜利，他甚至更期待看到德国受挫的模样。

这次侵苏战争的开始，大大改变了世界的整体局势。英国、美国领衔一众遭受侵略的国家，与苏联迅速结成了反法西斯战线。它们团结在一起，为了一个共同的目的，献上自己所有的力量。为了将世界上所有的人民从法西斯的恐怖中解放出来，它们将决不退缩，也绝不姑息地面对接下来的战斗。

而被连续的胜利冲昏头脑的希特勒此时还没有察觉到世界局势对他的不利。在1941年10月，他在一次群众大会上大放厥词，他声称："今天我宣布，我毫无保留地宣布，东方的敌人已经被打垮，再也不能站起来了……在我们部队的后边，已经有了相当我在1933年执政时德意志国家幅员两倍的土地。"——他实在是高兴得太早了。

虽然在德军的突袭之中暂时乱了方寸，但是从7月份开始，苏联就展开了一系列顽强的抵抗。随着时间的推移，希特勒发现，他们的战线越来越长，死伤也越来越惨重，法西斯军队几乎是被困在苏联的泥潭中无法自拔了。一切已经开始偏离了他的想象。

冬季作战结束时，德军伤亡超过百万，他们需要大量的补给和后备军，而此时的德国几乎已经无法提供足够的后备保障。

最高统帅开始向盟友提出要求，希特勒亲自出马，请一度十分积极的墨索里尼提供更多的意大利军队，渡过这个难关。

1942年1月，戈林元帅亲自到罗马点收意大利的增援部队。他向墨索里尼做出保证，他们可以在1942年打败苏联，1943年解决英国。墨索里尼对此的回应也很果决，只要德国提供大炮，他就会在3月份再派出两师意大利部队到苏联。

但即便表面上答应得那么爽快，墨索里尼内心深处依然非常忧虑，意大利已经有十多个师在苏联报销了，他无法不对这场战争的未来抱有悲观的态度。

希特勒一面对前线忧心忡忡，一方面对后方的不安情绪也很焦躁。他觉得，是时候举行一次会谈了。

这次以安抚人心为主要目的的会谈在1942年4月29、30日举行于萨尔茨堡。在这次会谈中，希特勒依旧是那副滔滔不绝的阵势。他吹嘘着德国的军事实力，嘲弄着苏美英的虚张声势，以期让与会者恢复对德的信心。

而希特勒的话或多或少起到了一些作用。墨索里尼对于这次会谈如此总结："德国这部机器仍然强大得令人生畏，不过磨损很大。现在它要做出新的巨大努力。它一定能够达到它自己的目的。"显然还保有对德国的信任。

这次德意两国首脑的会谈对希特勒而言，可说是收效甚佳。不但使得德意的关系再次缓和，且取得了墨索里尼的信任，让墨索里尼松口向苏联前线提供九个师的意大利军。

而口舌间的美好都是暂时的，现实总是残酷的。到了7月，妄图能一举打下斯大林格勒的希特勒再次遭遇惨败，数十万大军在苏联红军的枪杆下成了炮灰。

这巨大的败绩让希特勒遭受沉重打击，也让墨索里尼坐立难安。他觉得，此时的状况已经到了最危急之时，为了避免东线继续受损，不如尝试与斯大林达成一定的妥协，至少可以集中轴心国之力，巩固北非地区、巴尔干和西欧的战果。

希特勒对墨索里尼的提议嗤之以鼻。可他也并没有以实际行动提出更好的选择。一个月后，德军有二十八万余人在斯大林格勒被红军歼灭，意大利第八军团残部幸免于难，但仍然蒙受了很大的损失。

更糟糕的是，不仅在苏联战场处境不佳，意大利军在北非也遭遇了厄运。

第八节

兵败北非，法西斯魔头焦头烂额

意大利在北非的失败其实在更早的时候就已经埋下伏笔。

在意大利大举入侵希腊的同时，墨索里尼就迫不及待地同时发起了对非洲的进攻。他的算盘打得很响，自以为可以趁着英国自顾无暇的时候把埃及攻下，让意大利称霸非洲。但就如他屡次落空的愿望一样，这一次，现实仍然没有顺应他的想象。

意大利派往非洲的统帅格拉齐亚尼是一个战功赫赫的老将，在征服阿比西尼亚的战争中受到墨索里尼的青睐，被升格为元帅。他对于这次出征北非，并不如墨索里尼那样信心满满，相反，对于英国人不战自退的行动，他满腹的忧虑，深觉英国人的举动背后，可能有着什么陷阱。因而，即使墨索里尼百般地催促，甚至训斥、谩骂，他仍然不愿轻举妄动。但这一回，可能是墨索里尼蒙对了。就在格拉齐亚尼的踌躇之间，英国人觑准机会，用最快的速度完成了战役的准备工作，而他们的准备工作为他们的胜利奠定了扎实的基础。

英国的中东总司令韦维尔将军对于这场战争做出了强而有力的动员：

"我们虽然在人数上抵不过敌人,但我们经过高度的训练,装备好,习惯沙漠作战,有着'伟大的光荣传统',而且富于坚忍不拔的精神,这是我们攻无不克的胜利保证。"

可以看出,英军对这次战争的胜利很有信心,全体将领积极备战,急迫地希望战争快点儿开始,他们好给墨索里尼一个下马威。

1940年12月6日,英军发起了进攻,2.5万受到严格训练的陆军挺进四十多英里,在沙漠之中伏身潜伏了一整天,墨索里尼的空军完全没有发现。而这些英国陆军此时甚至也还未被告知这是一场真正的战争,他们还以为是在演习。真相在12月8日才被这些陆军精兵们知晓,9日拂晓,西迪巴拉尼之战的序幕就此拉开。这场战争进行得很快,英军几乎是以过境狂风之势席卷了意军。在战争开始首日的傍晚,意军的兵营几乎就被英军完全占领,西迪巴拉尼被孤立。

12月10日,英军俘虏的意军士兵与军官已经多到无法清点,约200英亩大的一片地都挤满了这些俘虏。

12月12日,西迪巴拉尼的胜利基本已成定局。韦维尔将军将替换下的英印第四师迅速调往厄立特里亚,参与阿比西尼亚战役。这一决策对阿比西尼亚的解放产生了很大的正面作用。

北非前线的胜利让丘吉尔非常兴奋。他知道,自己此时只需等待之后更为光辉的胜利。

12月15日,英军基本从埃及境内扫荡了所有的意军,西迪巴拉尼之战的第一阶段基本已经告一段落,这一战使得墨索里尼损失了将近五个师,被俘虏三万八千余人,与之相对的,英军的损失却少得难以置信:133人阵亡,387人受伤,八人失踪。可以说,这一胜果是纯粹而绝对的,基本上是一次完胜。

丘吉尔没有单单满意于这一次胜利,他在12月16日致电韦维尔,明确表示要乘胜追击,希望前线的将领可以尽可能地粉碎意大利陆军,将意大利人赶出非洲海岸。

这次惨重的失败在意大利引起了轩然大波。意大利人民已经越来越无法忍受类似的消息。他们吃够了败仗，也受够了这种担惊受怕的日子，他们对于法西斯统治的不满越来越强，他们不想在国际上有一席之地，他们只想平平静静地过自己的生活。

作为墨索里尼的外长，也是与墨索里尼关系最亲密的人，齐亚诺那段时间的日记完全反映了这一战对于墨索里尼的巨大影响。

"1940年12月10日。进攻西迪巴拉尼的消息像晴天霹雳。初看并不严重，但是格拉齐亚尼随后拍来的电报证实我们惨败。会见领袖两次，他故作镇定……但在国内外都是严重的。在国外之所以严重，是因为从格拉齐亚尼电报的口气来看，他并未从受到的打击中完全恢复过来，再准备反攻。

"1940年12月11日。利比亚局势确实不妙。可以说，四个师已被全歼。格拉齐亚尼报告了敌军的士气和决心，却闭口不谈他将如何避开敌人的打击。墨索里尼越发镇静。他坚信，必须把我们度过的苦难日子看作每次变化多端的战争命运中不可避免的事。墨索里尼仍然希望格拉齐亚尼能够而且一定会阻止英军前进。

"1940年12月12日。在利比亚，格拉齐亚尼元帅来电说，他打算撤退到的黎波里，'为的是至少能在该要塞坚持战斗'。此电交织着激动、浮夸和担心。不过，他一心想指责隆美尔，也就是指责墨索里尼，迫使他发动了一场'跳蚤斗大象'的战争。

"1940年12月15日这天晚上，格拉齐亚尼元帅夫人前来外长官邸诉苦。她神经有些失常。她收到她丈夫的信。信中附有元帅的遗嘱。信中写道：'单靠指甲是不能打破钢铁的装甲的。'元帅要求德国在利比亚实行大规模空中干预，仍可将目前的溃败转为胜利。"

"1940年12月17日。领袖给总参谋长卡瓦莱罗一信，语气严厉，命令部队与阵地共存亡。'这不是我个人的命令,'他写道,'而是我们国家的命令。'但愿这一鞭子能够奏效。"

　　战局的发展,让墨索里尼越来越无法信任格拉齐亚尼——或者说,他一向是不太信任的——他厌恶格拉齐亚尼的保守,他转而开始向巴迪亚司令官贝尔索利将军听取意见,他总是充满热情地赞扬贝尔索利将军的勇敢与忠诚。他希望贝尔索利可以在战争中坚持不懈,帮助意大利保持巴迪亚。格拉齐亚尼觉得这是一个不现实的设想。比起力保巴迪亚,他觉得不如尽快放弃此城,退守托布鲁克,如此这般,至少可以腾出充裕的时间去构筑防御工事,打好接下来的战役。

　　刚愎自用的墨索里尼当然不会听从这种长他人志气、灭自己威风的建议,他也不愿意在没有交战的状况下,就这样轻轻松松地把利比亚地区拱手让给英国,他无视格拉齐亚尼的意见,要求士兵们坚守阵地,无论如何不许后退一步。

1941年,在巴迪亚之战中被俘的意军官兵沿谷地向战俘营走去

与墨索里尼的命令相应的，在意军决定坚守阵地不久，英军就已经把巴迪亚作为下一个进攻的目标在经营了。由于墨索里尼的强硬，格拉齐亚尼在巴迪亚周围布置了极为强大的防御工事，要对付这样的防御工事，英军调动了他们当时可以调动的所有兵力。

1941年1月3日，攻击开始了。在密集炮火的掩护之下，一个澳大利亚营冲入了外围阵地，攻占了一个据点。而这正是他们光辉胜利的开端。

这一场战争的进展很快，隔日下午，在步兵的支援下，英国坦克兵开始进攻巴迪亚，仅仅一天，1月5日，驻守巴迪亚的意军全部投降。

这一战中，英军可以说没有费多大力气，就俘虏敌人四万五千余人，缴获大炮462门。第二天，他们再次进发，出兵托布鲁克。托布鲁克城外围阵地长达27英里，驻防了大量意大利军。这一次，英军小心谨慎，直到21日，他们确认一切就绪，才开始发动进攻。当日傍晚就占领了三分之一的防区。翌日凌晨，意军所有的抵抗都成为徒劳，近三万人被俘虏，236门大炮被收入囊中。

至此，在韦维尔的指挥之下，这支英联邦的沙漠兵团在六周内，克服了缺水缺粮的高危地带，挺进了二百多英里，攻下两个防御极为巩固的港口，俘虏了十一万余名意军，缴获七百余门大炮。让那支妄图在北非尝到甜头、想要征服埃及称霸非洲的意大利军队溃不成军。

意大利国内又一次震动了。巴迪亚和托布鲁克两大港口的失守让国内群众的不满达到了顶点。法西斯统治集团内部也无法再粉饰太平，吵作一团。

在这样的内部混乱里，丘吉尔不忘从外部推意大利人一把，他在1940年12月23日，意大利刚刚在西迪巴拉尼之战里尝到失败的苦果时，就发表了一次讲话。他深情地述说了英意长久以来的友谊，然后别有用心地提出："意大利人，我要把实情告诉你们。这都是因为一个人。一个人，就是那一个人使意大利失去了美利坚合众国的同情和友谊。我不否认他是一个伟大的人物，但是，他毫无约束地执掌大权18年之后，把你们的国家带到了可怕的毁灭的边缘，这却是谁也不能否认的。"

与此同时，被人抱怨的墨索里尼也在抱怨着别人。他对于现在的意大利深深不满，也深感失望。他认为，1914年的意大利人会比现在的好很多，现在这些软弱、无能、毫无用处的意大利人只会让他不断地面对失败。1940年的大雪飞至，墨索里尼看着窗外的雪景，期待着一场寒冷能够惊醒这些愚蠢的意大利人。

但现实比风雪更加寒冷。随着巴迪亚、托布鲁克的失守，墨索里尼的日子越来越难过。英联军趁势不断发动大规模的进攻。战事一个个迎面而来，同时，打击也一次次地愈加沉重起来。意大利的军队羸弱得仿佛雪堆里的幼鸟，既无还手之力，又无招架之功，甚至连脱身都无法做到。墨索里尼梦想里的北非帝国就这样一点点儿地在现实的洪流里沉没了。

墨索里尼的悲哀正映照着丘吉尔的喜悦。1941年，一切对于丘吉尔来说都开始向一个好的方向发展。沙漠中的完胜有如天降之喜，让这新的一年有一个无比美好的开端。正如所有的常胜军一样，盟军乘着胜利的势头不断前进，以期最大可能地扩大战果，让胜利的果实更大一些。他们以在1941年初尽快摧毁意大利在东北非的武装部队为目标，开始了新一轮的战斗。

1941年1月间，在普拉特将军的指挥之下，开始肃清苏丹的战役。英印第四师和第五师在六个空军中队的支援之下，向卡萨拉的意军发起了猛攻。1月19日，两个意大利师遭受了沉重的打击后撤离，英军收复了苏丹境内的卡萨拉，之后不久，意军又放弃了加拉巴特，彻底退出苏丹。

同时，在阿比西尼亚境内发起的起义也有了成果。在桑福德准将军的指挥下，一支武装起义军收获了越来越多爱国人士的支持，20日，海尔·塞拉西皇帝重返阿比西尼亚。

非洲的战局日渐紧迫，墨索里尼的军队连尝败绩。2月6日，澳大利亚第六师比预定中早了三个礼拜攻入班加西。2月5日，英国第七装甲师进入姆苏斯，奉命切断海岸公路。当夜，一个五千余人的意大利纵队在贝达富姆遇到英军路障，很快就投降。2月6日到7日，意军与英军在这条公路狭路相逢。意军大败。

在两个月之中，尼罗河集团军已经前进了500英里，歼灭了超过9个师的意大利部队，俘虏了13万人，400辆坦克和1290门大炮被收入囊中。

丘吉尔没有放松攻势，在他的督导下，韦维尔将军又在2月中旬发起了攻占基斯马尤为重点的作战计划。坎安宁将军也参与此战。

英军于14日进入基斯马尤，并没有遭遇什么抵抗。22日，意军全线崩溃，三万多士兵，或阵亡，或被俘，或逃入丛林。再往北200英里，是意属索马里的主要港口摩加迪沙，此时，攻占这座港口已经没有什么障碍。25日，英军摩托化部队进入了该港。坎安宁将军认为，他们接下来的行动英国不会受到强烈的抵抗，在韦维尔将军同意后，季季加成为了他们下一个攻击目标。3月1日，部队开拔，在清除了一些微弱抵抗后，17日，英军攻占了季季加。

在季季加被攻占后，坎安宁将军率轻装部队向摩加迪沙以北的费尔弗推进，这次推进将最终完成对于意属索马里的占领。

3月16日，英军两个营于柏培拉登陆，使得意军一个旅被瓦解。至此，意属索马里被全部收复，柏培拉港可以更便利地被用来支援英军继续向哈拉尔的挺进。

3月26日，哈拉尔守军投降；3月29日，坎宁安将军进抵迪雷达瓦，稍作休整之后，直捣阿比西尼亚首都。

整个3月，坎宁安部队跋涉850英里，共使五万多意军战士失去战斗力，而他自己的部队伤亡还不到500人。

与此同时，阿比西尼亚战场也有了新的进展，克伦的意大利守军十分顽强，为了保全这座要塞，决心死战。在3月25日，英军发动猛攻，在陆空两军的配合下，终于使意军防线崩溃，克伦被成功攻下。随后英军势如破竹，4月1日攻克阿斯马拉，4月8日拿下马萨瓦。

另一方面，英军在海战上也占有着很大的优势。

4月初，英军开始加强袭击墨索里尼为驻利比亚部队运送给养的舰只。

4月10日，由四艘驱逐舰组成的英国战斗舰队驶向马耳他岛，准备袭击意大利的运输船队。这次袭击获得了很好的结果。仅在一次行动中，他们便击沉了满载14000吨重要作战物资的船舶。

看着意大利在北非战场的不断失败和退后，希特勒开始不安。他致电墨索里尼，将自己有关轴心国的战争布局向墨索里尼进行解释，他尽可能地希望墨索里尼能够接受他的想法：希望意军在非洲再努力地坚持一段时间。他向墨索里尼不断地抱怨着佛朗哥的忘恩负义，对他的迟迟不参战严厉谴责，同时解释着德军无法加入非洲战局的原因。他认为，要准备这样的一次行动，他们需要三五个月的时间去准备，而这个时节已经到了德军装甲部队最无法有效战斗的时期，高温之下，装甲车无法整日行驶，更无法顺利地参与每一次作战。希特勒语重心长地对墨索里尼表示，希望墨索里尼可以派出大量的空军，以削弱英军在地中海上的海军势力。

4月6日，坎宁安将军率部进入阿比西尼亚首都亚的斯亚贝巴。他们轻装劲旅，打算堵截阿姆巴阿拉吉的意军。墨索里尼已经快要发狂了，他疯狂下令死守，然而兵败如山倒，将倾之势无法挽回，死守也只是权宜之计，无法解决根本的问题。

5月5日，阿比西尼亚皇帝重返首都。

从1月开战到5月兵败，墨索里尼的22万军队损失过半，阿比西尼亚全境已在英军的控制下，墨索里尼的非洲帝国梦碎，他伤心又愤怒，对于袖手旁观的希特勒更是格外地不满，将责任推给希特勒，认为他的不作为令意大利失去了一个帝国。然而再怎么找借口，也不能改变一个现实，墨索里尼此时不得不承认，那个属于法西斯主义的美好年代，此时已经逝去了，法西斯接下来将要迎接的是一个严冬。

第六章 二战之路：处处受挫，仓皇摇摆

第九节
沙漠之狐反击得逞，墨索里尼狐假虎威

希特勒对于苏联的武装进攻引起了世界局势的一次巨大震荡。一个反法西斯阵营在世界范围内形成。自此之后，苏联战场成了纳粹德国人力物力的重要倾注地，苏联出乎意料的顽强反抗使得德国逐渐被套在苏联战场无力分身，只有不断加码，企图可以取得这次战争的胜利，摆脱这种状态。

这样的情况下，英军在非洲和地中海的战斗就有了很大优势。在这样的形势下，丘吉尔决心开展"十字军战士行动"，尽可能地迅速歼灭墨索里尼和隆美尔在非洲的军队，来为进攻意大利本土创造有利的条件。

这一年，双方都将援军的重点放在对利比亚沙漠军队的增援上。对于英国来说，马耳他岛的防御增强是当务之急，这里防御能力的提升不仅利于来自西面的运输船队航行，且可以对隆美尔的援军和物资供应造成打击。

这期间，墨索里尼想要切断英军的这条海上供应线，出动了20艘快速鱼雷艇和8艘小型潜艇，对瓦莱塔港进行猛烈进攻，在一场激烈的较量

之后，意军几乎被英军全歼。这样的结果是墨索里尼没有想到的，但这样的打击在这几年里他已经不知道承受了多少次。

到1941年9月为止的三个月间，43艘轴心国的船只，约15万吨的物资，在这条航线上被驻扎于马耳他岛的英国飞机、潜艇和驱逐舰击沉。到10月，对隆美尔所提供的补给物资有一大半都在运输的过程中沉没了。不过，尽管英国在地中海所采取的措施得到了成功，给隆美尔以及墨索里尼的军援问题带来了很大的负担，但是整体上来说，在利比亚战场，轴心国还是保有一定优势，处于上风的。

丘吉尔积极地活动，企图扭转这种局面。他除了准备在马耳他再驻入一支新的海面舰队，还计划再给沙漠部队增派两个师的兵力，希望在短期内在西部沙漠获得一次胜利，将隆美尔赶出沙漠。

丘吉尔的这次活动，就是所谓的"十字军战士行动"。他让一支相当于两个步兵师和一个装甲师的部队就位，先对目标敌人发起局部的攻击，在一切进展顺利的前提下，再开展大规模的战役。这个计划的最终目的，就是击败隆美尔的军队，肃清昔兰尼加之敌，进军的黎波里；在法国提出邀请和协助的前提下，进入法属西北非洲。

1941年11月18日，盟军对隆美尔的进攻开始了。丘吉尔对这次战役抱有很高的期待，希望可以打出与滑铁卢之役相媲美的胜仗。

他们出于必胜的打算，决心先对敌人的神经中枢进行致命打击，于是，整个"十字军战士行动"就由谋杀隆美尔作为开端。这是一次孤注一掷的刺杀，一旦这次刺杀成功，轴心国指挥部必会打乱，英国人的突袭则将获得更好的效果，这次计划的执行也将事半功倍。

然而这次刺杀遗憾地以失败告终。英军对这次袭击抱有很大的希望，可是最终德国人只有三个主管后勤的上校和一个士兵受伤，唯一的损失是一个汽油供应站被炸。反而是英方，损失了几乎全部的参与者。他们这一次的四项任务——刺杀或俘虏隆美尔；摧毁墨索里尼位于昔兰尼加的陆军司令部；夺取放在阿波罗尼亚的意大利情报部的文件和密码，并杀掉现场人员；切断目标地区的电话和电报，尽量获取与"哑谜"密码机相关的材料——自然也通通未能完成。

实际上，他们进攻的柏树丛中的别墅里并没有隆美尔的身影，这里不过是隆美尔的一个临时司令部。早在几个星期前，他就已经迁出。在"十字军战士行动"开始之时，他先和墨索里尼商谈了一阵军务，后来又与他的妻子和三五好友庆祝他的生日。当他心情愉快地回来时，知晓之前所发生的事的隆美尔顿时怒不可遏，与"十字军战士"激烈交战。

这边的战场偷袭暗杀刀光剑影，另一边的战场亦是长枪短炮电闪雷鸣。

12月，日本偷袭珍珠港，一直试图隔岸观火的美国被正式卷入战争。这场大战的性质发生了巨大变化。对于这样的混乱，墨索里尼显得十分高兴。一直以来他都认为，美国人，究其本质，逃不过愚蠢、粗野四字，他们生活的土地是"黑人与犹太人的国家"，这就足以令人发噱了。更何况，美国自称是一个民主国家，实际上却也禁止言论自由，而他们的领导者，还是一个残疾人，他的样子看起来，简直像是一个小丑。

曾经，墨索里尼就像认为英法等国会不战而降一样理所当然地认为美国是不可能参战的，他说，任何一个读过美国报纸的人都可以得到这个结论。并且，他也完全否定了有关美国具有很强的工业潜力的报道，因为他自认为深谙媒体宣传之道，这些内容不过是美国的自吹自擂罢了。

即便美国参战了，又能怎么样呢？在墨索里尼看来，美国在军事上的能量不大，参战也不会有什么决定性的作用。其实，早在珍珠港事件发生前，墨索里尼就已经在慎重考虑断绝与美国间的外交关系了。

日本人在发动袭击的前几天将这件事告知了墨索里尼，他们的计划得到了墨索里尼的大力支持。不论德国人支不支持日本的这一决定，墨索里尼都非常激动，因为他知道，如果他没有料错，一场洲际大战就要爆发，这将会是一场真正意义上的"世界"大混战。这场美日之战或许意味着整体战场上，战争将会再延长五年之久。且不论意大利现在的处境如何，墨索里尼对于这一现实都感到无比的兴奋——他骨子里的好战性无法控制。

相对于他的兴奋，意大利公众就没有那么轻松了。当他像以往那样，在阳台上宣布意美即将交战的时候，除了法西斯激进的党徒，基本没有什么人给他捧场了，群众厌倦了无止境的战争，只希望能够重回平静的日子。在揣测到公众的心理之后，墨索里尼改变了自己的论调，放出谣言，说自己的参战完全是受德国所迫，是违心的。

另一方面，"十字军战士行动"一直延续到了1941年12月20日，将隆美尔赶回他发动3月攻势的地方——锡德拉湾上的阿吉拉。

到了1942年1月，隆美尔又一次进攻了。在和隆美尔的作战过程中，"十字军战士"虽然取得了许多辉煌的胜利，但人们普遍都如中了催眠术一般，对隆美尔的指挥能力十分敬畏，将他传为神话。

但无论如何，总的来说，"十字军战士"是一次成功的计划。据丘吉尔《第二次世界大战回忆录》一书所言，根德国统帅部的记载，从1941年11月18日到1942年的1月中旬，敌人在"十字军战士行动"中所受到的损失，总共三万三千余人，连同坦克300辆。在此期间，英军损失近两万人，坦克278辆。这项损失的十分之九发生在攻势开始的第一个月。

至此，英军在沙漠上的压力得到了一定的缓和。而与此同时，东条英机在太平洋挑起了战争。世界的局势又变得动荡而莫测起来。

对于日本的行动，墨索里尼感到非常激动。他觉得，日本的这一举动，对此时的意大利而言，是一件只大不小的好事。日本的作为，相当于分散了英美的炮火，令他们不得不分出一部分力气去应付日本人在亚太地区的战事，这样的情况下，意大利这边也就有了乘虚而入的机会，他不禁又开始做起了非洲帝国的旧时梦。

于是，他与希特勒会商，两个法西斯国家在 1942 年 1 月 11 日共同对美宣战。当天，墨索里尼与德国、日本签订了三国协定。协定中表示三国在对英美的联合作战获胜之前，坚决不放下武器，表达了彼此绝不对反法西斯阵线低头的决心。

作此决定之后，墨索里尼请来隆美尔，开始筹备在利比亚的反扑。不仅仅是利比亚，这一次，他还野心勃勃地打算征服整个埃及。一场来势汹汹的大反扑就这样在北非和东地中海开始了。

与法西斯阵营的蠢蠢欲动相比，在"十字军战士行动"中获得了胜利的英军开始有些飘飘然。奥金莱克将军在备战时完全低估了敌人重整旗鼓的力量。由希特勒和墨索里尼运来的军援，因为马耳他基地长期受到空袭，未能有效阻挡，已经源源不断地运送到了隆美尔手里。1 月 21 日，隆美尔派出三个纵队进行火力侦察，"沙漠之狐"如狐狸一般狡黠地来了一次大胆的冲击，大部队出其不意地向前推进。

在隆美尔强大的攻击面前，奥金莱克的部队节节败退，不断后撤。先是撤出梅基利，而后是班加西，整个第十三军推到了加柴拉—比尔哈凯姆一线。隆美尔在此运用的精妙绝伦的战术手段，证明了他"沙漠之狐"的称号绝非虚名。他重新占领了昔兰尼加的大部分地区。这次英军几乎后退了 300 英里，丧失了为原本计划中 2 月进攻进行的大量储备。

战后，丘吉尔对这次战败进行分析，得出结论：这种形势上的反复和军事上的失败根本原因来自敌军可以通过地中海增补他们的装甲部队，甚至，他们还可以从苏联战线调回大部分的空军。但相对于敌军的这种灵活，英军却没有什么准备，也未能做出有效的反击。

在 1 月 25 日，敌军突破战线直达姆苏斯，英军没有冷静地对待这一突发状况，计划一再变更，使得狡猾的敌人掌握了主动权。仓促撤退之中，造成了大量不必要的损失。

这次分析将马耳他岛的重要性摆上了台面。可以说，马耳他岛的防备与沙漠作战之间是息息相关的。之前对于马耳他岛的出色防守，成就了英军在埃及和中东的胜利。因为马耳他岛在物资运输上的重要地位，只有守住这里，才等于扼住了敌军的咽喉。而纳粹也已经意识到了这一点。他们认为，必须要尽快取下此岛，若不能拿下这里，至少要保持着对于该岛的猛烈空袭，阻止英军在该岛重建进攻和防守的力量。

如此，在隆美尔在北非组织强力反扑之时，德意飞机开始猛烈地轮流在马耳他岛上空进行轰炸。从2月到5月，马耳他岛几乎处于半瘫痪的饥馑状态。为了能够打破这一状态，英军决定冒险运送给养，船只却相继被炸沉。整整三个月，马耳他岛没有得到救援，在敌人的狂轰滥炸之下码头和港内的舰只被破坏严重。

这种情况在5月间美国航母将126架飞机运抵马耳他岛后才得以解除。这些战斗机的到来，给敌军造成了毁灭性的打击，一时间，白天的空袭不复。

然而到6月，另一次大规模解救该岛的行动时期，英军仍然没能突破法西斯军队的空袭，17艘舰最终只有两艘到达马耳他岛。马耳他岛仍旧处于极大的危机之中。

事后，从对德意的档案调看中可以发现，在法西斯心中，马耳他岛的重要性不言而喻。他们始终渴望可以攻占该岛。为此，他们的空军不断在西西里岛机场集结。但同时，隆美尔的反扑也需要的黎波里的全部空军进行支援。一边是马耳他岛绝不能放松，一边是隆美尔需要大量的汽油和援军，法西斯军也十分焦头烂额。直到4月份，德军元帅凯塞林认为马耳他岛在一定时间内已经失去了作为海军基地的作用，而6月份，隆美尔计划开始进行以摧毁英军在北非军事力量的进攻，并夺取托布鲁克。墨索里尼下了决心，要从5月份开始加紧攻击，加速攻占马耳他岛的准备工作。他向德国请求支援，德国提供两个伞兵团、一个工兵团和五个炮兵连。

被称作"赫尔克里士"的作战计划开启了。

面对这一状况的马耳他岛守军司令多比将军焦虑极了，他向总部多次要求紧急的援助。特别是面粉和军火，已经到了强弩之末。

而隆美尔窥探马耳他岛的局势，正计划着下一步将要发动的攻势。如果马耳他岛可以尽早被占领，那么他可以等攻占马耳他岛之后进行攻击，而若进攻马耳他岛的时间推后至6月，那么他就会不等攻占，径自出击。

4月30日，他打算第二天摧毁英国军队，突袭占领托布鲁克。如若不然，加柴拉一线就将是他能够前进的极限。当然，他的一切计划都需要石油、军火、车辆与食物，还有大量的增援部队。为此，他要求墨索里尼和希特勒向他提供援助，且要求意大利在海上压制住英国舰队。

也就是在30日这一天，德意两国的首脑举行了一次会晤。这次会晤在外界看来是十分重要的，人们非常关注这两个邪恶的首领将要谈些什么。可是根据事后墨索里尼的一个参谋长回忆，这种发生在墨索里尼与希特勒之间的会晤只能用八个字形容："老生常谈，毫无意义。"

几乎每一次都是这样，墨索里尼默不作声，希特勒口若悬河。平日里仿佛很会演讲的墨索里尼在希特勒面前既不争辩也不插嘴，在一旁默默听着希特勒大肆地吹嘘，好像是赞同希特勒的一切意见。而实际上，有很大可能性是因为墨索里尼根本没怎么听懂。在德意双方的会谈中，墨索里尼总是拒绝翻译陪同，以显示自己的语言能力，也就造成了他在会议桌上越发地被动。当然，他更不希望多一个人看到他在讨论中是多么没有面子。这造成的后果就是，会谈结束之后，即便他自己知道了最终达成协议的内容，意大利的外交部却完全不了解。事后，人们从当时在场的德国人口中得知，在会谈上，这两个独裁者多半是一起回忆各自的早年经历，讨论与战争毫无干系的琐事。虽然墨索里尼总说自己精通德语，但实际上他无法用德语正确表述自己的意见，连听懂别人的话都费劲。但以他的自尊自傲，他不可能承认这点，这也就造成了在德意会谈上，意大利长期处于严重的劣势，在很多关键问题上出现误解。

总之，这次"被认为重要"的会谈，并没有真正产生什么重要的结果。对于问题的真正解决还是要在战场上。

在隆美尔的进攻面前，英军采取了消极的态度。在2月的时候，总司令奥金莱克便表示，虽然托布鲁克是一个重要的供应基地，但一旦敌人包围了这个城市，他就将不再坚守，并在撤出前对这个城市和港口尽可能地进行破坏。也因此，这里的防务并没有被很好地部署起来。

隆美尔洞察了这个形势。对他而言，这个机会是不可错失的。6月16日他发动猛烈进攻，拿下阿德姆、贝尔汉穆德和阿克鲁马。19日，包围托布鲁克。21日，33万守军向隆美尔缴械投降。

在这一战中，德国人缴获了大量的物资装备。足够三万人使用三个月的物资和一万余公升的汽油就这样被收入囊中。

次日，隆美尔乘胜前进，向埃及进军，希望可以一举攻下这个文明古国。征服埃及的未来就在眼前，墨索里尼非常得意，他似乎看到那个沉没了的非洲帝国冉冉升起。

隆美尔的部队仿若尖刀直插英军阵地，两个多星期推进了六百多英里。英军不断地溃败，在开罗，英国政府机关开始大量焚烧机密文件，已经做好了破城的准备。

这次失败是英国军队现代史上最令人震惊的一次。

英军在北非的败绩是盟军的最低潮。6月20日，托布鲁克守军投降的消息传到身在华盛顿的丘吉尔那里时，丘吉尔简直惊呆了，甚至无法接受这个现实。这一败绩，不但有着严重的军事影响，也重重地打击了英军的声誉。

丘吉尔毫不避讳地向罗斯福表达了他的震惊和难过。为了扭转这种局面，罗斯福当即决定向英国沙漠部队提供300辆坦克和100门自行火炮，以振奋英军士气。

第十节
盟军二战大胜，轴心国大势已去

在利比亚的大胜让轴心国和同盟国之间的状况又发生了很大变化。轴心国方面，法西斯头目们的嚣张气焰自不可少。墨索里尼得意非常，他已经忘了多久没有尝到这样酣畅的胜利滋味。他已经开始有些迫不及待地想要快点儿以胜利者之姿进入开罗，这样的场景多少次在他的梦中出现，而今也终于可以成为真实。而另一方面，希特勒积极地鼓动隆美尔攫取战利品，力图不要将好的东西遗留给意大利人。他认为，这一场胜利完完全全应该归功于德军，归功于隆美尔。同盟国则面临着更加令人焦头烂额的状况，丘吉尔艰难度过了政府危机，还来不及缓一口气，就开始与罗斯福进行密电交流，谈论如何组织下一次进攻，有效地应付隆美尔这只"沙漠之狐"。

兴奋的墨索里尼渐渐冷静下来。虽然，对于利比亚现阶段的状况，他感到无比满意，但是希特勒方面对于隆美尔在战争中地位的无限抬升使他有些不快。他深知希特勒的言外之意，希特勒对隆美尔的赞许和提升无一不是为了给这次胜利染上德国的色彩。放任希特勒这样下去，这场胜利就越来越像是德国的胜利，而非意大利的胜利了。他对此苦闷却又无计可施。因为他自己也不得不承认，这场战争里，隆美尔的作用是绝对的，其他人在隆美尔的光辉下，都只能是点缀。他不禁又恼恨起格拉齐亚尼，两相对比，隆美尔是如何的英勇善战，为家为国冲锋陷阵，反观格拉齐亚尼，胆怯、无能，简直是一块白吃粮饷的废物。

墨索里尼决定前去利比亚前线坐镇，他绝对不能放弃在北非问题上涂抹自己的存在感。一到达利比亚，墨索里尼立刻为接管埃及的事宜与国内联系，他要求齐亚诺就埃及政府机构的问题尽快和德国人达成协议，以他的观点，他希望让隆美尔担任埃及的军事司令，而政府的首脑由意大利人来做。齐亚诺向他推荐了驻开罗的前公使马佐利尼。墨索里尼又提出，要将陆军总参谋长卡瓦莱罗晋升至陆军元帅。

可以说，为了抵消隆美尔种种功绩以及德国对于隆美尔功绩的大加宣扬的影响，墨索里尼做尽了一切可能的努力。

这是一段难得的愉快日子。墨索里尼很久没有感受过这样愉快的生活。意大利军队也难得地符合他的期望，在两三周内挺进埃及，到达尼罗河三角洲与运河区这两大目的地。墨索里尼对之后行动信心十足，他没有带走自己的行李，因为他相信自己很快就能返回利比亚。

可也就在这个时候，一场由盟军策划的名为"火炬行动"的大反攻要开始了，这场反攻标志着二战形势的一次重大转折。

1942年8月12日，丘吉尔飞抵莫斯科，和斯大林交流了"火炬行动"与它的战略意义。他说服了他的盟友，解释了为何英美通往柏林的路要从北非开始。

第二天，丘吉尔返回开罗，改组了之前在中东败北的指挥机构，任命了哈罗德·亚历山大将军为新的中东总司令，伯纳德·蒙哥马利将军为第八集团军司令，他们正好是一对配合默契的好搭档。前者是保守的战略家，后者是激进的战术家，两者极好地互助互补。

丘吉尔告诉他们，当隆美尔到达边境的时候，他的军队已经筋疲力尽了，而英军正有新的装备运抵，在硬实力上他们这次已经有了优势。丘吉尔明确地表示，他们的任务不是抓住隆美尔，而是直接杀死他。

在会上，丘吉尔与指挥员们共同讨论了隆美尔取胜的原因。虽然隆美尔有着过人的胆略和勇武，但是从兵力上来说，他的兵力始终没有过优势。甚至，他不超过十万的部队里，还有一半是在勇气和能力上都较差的意大利人。与之相对的，英军在这个战区有七五万的兵力。巧妇难为无米之炊，为何隆美尔在这种状况下，却能一次次地出奇制胜？原来，这其中牵涉到美国驻开罗的费勒斯上校。费勒斯上校身负向华盛顿汇报英军行动的任务，可以说，费勒斯几乎可以接触到英国在中东的一切机密情报。而后来，在托布鲁克战役大败后，英军在检查无线电安全时发现，费勒斯发往华盛顿的电报里所使用的加密方式"黑色密码"竟然泄露了。德国人几乎截得了一切英军的机密布置。

1942年8月，得知报告被破译，费勒斯重新使用了一种密码，而在英军请求下，只有最机密文件上他才使用新的密码，而其他情报依旧使用"黑色密码"。英军想用这种方式方骗过德国人。

同时，英国人还发现了隆美尔在沙漠取胜的另一个秘密——无线电情报。在隆美尔的情报部队中，无线电情报连连长阿尔弗雷德·西波姆上尉非常地擅长偷听英国营地无线电里的耳语，在他的筛选甄别之下，这些窃听资料足以组成关于英军前线的军事计划与作战命令的图像。将这些信息提前掌握对于隆美尔而言自然是如获神助。

盟军为此派出了一个营前去袭击西波姆特务连，一场战斗之后，百来个特务连的战士死亡，而他们没能来得及销毁的情报与设备全部落在英国人的手中。这些信息里，有包括"黑色密码"被破译的详情，也透露出隆美尔在无线电情报工作上所获之益才使他有着如此神勇的表现。

根据战利品透露，隆美尔还有第三个情报来源：康多尔小组。这个

1942年阿拉曼战役中的德军指挥官隆美尔元帅（右一）

1942年阿拉曼战役中的英军指挥官蒙哥马利元帅（前）

小组以金钱和美色作为诱饵引诱英国的军官，通过这样的方式，为隆美尔提供情报。

这些帮助隆美尔在战场上如老鹰般锐利、狐狸般狡猾的情报渠道，终于一一被盟军握在手中。而这一切，都成了他们反捅向隆美尔的一刀。

1942年8月，德英两国在阿拉曼前线两相对峙，英第八集团军已经快速地准备好武装力量，准备再次出击，隆美尔深知，此时若他还想征服埃及，就一定要进行战略转移。根据情报，英军在阿拉曼前线南段兵力较为薄弱，夜间，隆美尔将模拟的装备留在原地，悄悄向南移动他的部队，使这次转移不易被发觉。

然而，为了得到空军的支持和从意大利处拿到最大限度的补给，隆美尔将计划通知了德国空军和罗马，也因此，他的计划被截获，摆在了英军将领的面前。

得到消息的蒙哥马利迅速调军迎击隆美尔。英军不忘适时地使用他们辛苦得来的武器。他们冒充"康多尔小组"将错误的信息告知隆美尔，要将隆美尔引入拉吉尔沙漠这片变幻莫测的土地。

而得到密报的隆美尔还被蒙在鼓中，甚至要求德国统帅部要给开罗的密探以十字勋章的奖励。

甚至，为了让隆美尔对陷阱更加地深信不疑，蒙哥马利还将一张假地图以让隆美尔深信不疑的方式送到他的手中。地图中所有困难的流沙地都被标为硬地，而硬地正是适合德军组织进攻的地质环境。得到地图的隆美尔如获至宝，立刻决定展开进攻。

8月31日，进攻正式开始。严阵以待的英军明白，将要出现的敌人已经完全落入陷阱之中。面对莫测的地形和已经十分强大的防御力量，隆美尔的攻击发动不久，就已经意识到大事不好。

在"硬地"上东倒西歪的德军很快面对着轮番轰炸。由于机密的泄露，意大利运送汽油的船只也被击沉。

夜幕之中，隆美尔丧失了得到开罗的最后计划。而他的对手蒙哥马利早已在他踩入陷阱后将他丢开，着手准备下一次更大的战役——代号为"捷足"的阿拉曼战役。

这场战役，将是三年来北非战局的转折之战，是丘吉尔心中的关键战役。为保证这次战役的胜利，蒙哥马利做了许多前期准备，做了大量的战前动员。

10月19、20日，蒙哥马利向三军中校以上的军官训话，他表示，他确知混乱的局面将会进行十天左右，在这个过程里，他要求英军不能丧失主动权，每个人都要抱定信心，奋勇杀敌。他强调了德军的弱点和英军的强大力量，最后总结说，他对未来有着十足的信心。

蒙哥马利不但是智勇双全的大将，更是一个许多事亲力亲为的领导者。阿拉曼长达40英里的战线，从北段正面进攻是唯一的制胜之法。隆美尔显然也知道这一点。因此，蒙哥马利既要从北面出击，又希望准备工作可以尽可能地隐蔽进行，误导敌人视线。他尽力缩小兵力集结的规模，在他的巧妙安排下，隆美尔以为英军并没有准备好，也不能在短时间内发动反攻。

在隆美尔面前伪装自然不是一件容易的事，而且阿拉曼战线周边都是原野，沙石裸露，只有矮小的灌木丛，没有任何起得到遮挡作用的植物。足有15万人和大量武器的部队很难在这片不毛之地被掩藏。英军为了因地制宜地隐藏军队，做了许多的伪装，以肉眼几乎无法看出的速度，非常缓慢地移动着。

除了在北段以伪装欺敌，英军在南段也同样以精细的手段迷惑敌军的目光。他们大量地在南边铺设虚假的水道和"军事物资"，放出虚假情报吸引隆美尔对南段的注意力。

10月21日，根据"超级机密"显示，隆美尔虽然有些不安，但对于英军做出的布置并未起疑。英军通过由眼及耳多方面的迷惑，让隆美尔这条狡猾的狐狸再次上当了。

在迷惑隆美尔，使他找错目标的同时，蒙哥马利还积极切断隆美尔的物资线路。在丘吉尔的批准下，蒙哥马利发动大规模空海战役，摧毁了隆美尔大量的运输船。负责为隆美尔供应军需的墨索里尼在此役中损失了大量船只，他惊恐地表示，照此趋势，不到六个月，意大利就只能用渔船作运输队了。

身处非洲的德军处境越来越差。在"捷足计划"正式开始的前四天，透过"超级机密"，英方得知，隆美尔只剩下一周的汽油供应量，他们的粮食也只够三个星期，运输工具、弹药和车辆更是极为缺乏。此时的第八军团有实打实的195万战力，而隆美尔只能召集5万德国人和54万意大利人。更不用说军团内部的非战斗性减员，就连隆美尔自己的身体状况都处在很差的状态。

因为各方面情报的保证——后来证实是错误的——英军不会在几周

墨索里尼与隆美尔

内进行大规模的进攻，隆美尔终于决定暂时离开前线，到德国接受必要的治疗。当时他的健康状况已经很差，但是他一旦认为英军将立刻发动攻击，那他绝不会离开前线。

离开前，隆美尔将指挥权交给了乔治·施图姆将军。

隆美尔首先来到罗马，会见了墨索里尼，提出了大规模的军需品要求，他威胁说，若没有足够的军需，德军将立刻撤出北非。而后他去往苏联文尼察的元首司令部，向希特勒汇报前线的形势。他非常坦率地表示，他已经陷入绝境，若没有足够的供应，他已经无力挽救中东的局面。

对于隆美尔的态度，希特勒显得非常不满，他滔滔不绝地吹嘘着未来各种优越新型武器的前景。然而这些并不能解决任何一个前线的燃眉之急，隆美尔无法隐藏地露出了一些不满，这使得希特勒也对隆美尔心生嫌隙。他觉得隆美尔也像之前的一些将领那样，在战斗中逐渐失去勇气。

隆美尔与希特勒之间的关系开始恶化了。

而在后方不断的扯皮之时，1942年10月23日，蒙哥马利麾下的十万大军开始发动进攻。守营的施图姆将军震惊地看着战报，无论如何也不能相信，怎么会从从来没有任何迹象的北段出现如此密集的炮兵群。十几分钟后，又有战报表示，南段也发出了进攻。施图姆在英军的刻意迷惑下彻底糊涂了。英军使用的新式武器，以声音和味觉欺骗了德军的主帅，德军的通讯网被英炮兵摧毁。为了弄清到底是怎么回事，施图姆亲自乘坐装甲车，想要一探究竟。然而就在半路，他在英军的伏击下被摔下车，心脏病发作而亡。

中午，蒙哥马利得到消息，称施图姆已死。他立刻下令，让第十三军与第三十军开始向敌阵发动一场猛攻。

与此同时，在阿尔卑斯山上养病的隆美尔接到陆军元帅凯特尔的电话，说英军已在阿拉曼发起进攻，施图姆将军亡故。凯特尔问他，现在的身体状况可以立刻返回统帅部吗？飞机将在维也纳新城等他。

隆美尔回应说他会准时离开。在这种状况下，也只有隆美尔才能支撑这种危局——而这一次，也许隆美尔也不行了。

在返回前线的途中，隆美尔在罗马停留，了解了一下前线的情况。根据他所知的，希特勒吹嘘的新式武器一件也没有出现在前线，墨索里尼所答应的军需也根本没得到满足。隆美尔要求德国驻罗马的武官林泰伦全力保证汽油和弹药能在当夜运到北非，而后立刻登上了前往阿拉曼的飞机。

墨索里尼在挽救阿拉曼危机的过程中可以说是竭尽全力，他深知阿拉曼的胜败关系着他在非洲的重大利益。他派了五艘舰只的运输队，企图在72小时内抵达军需港口。但由于他们将出发时间通过电报告知隆美尔，这一信息被英军截获了，这支运输队随即被战斗机击毁。

此刻，隆美尔已经别无他法。英军有着更多的士兵，更好的装备，而他缺乏给养，手下几乎都是残兵病将，他无法获得准确的情报，而他们的信息总被一一截获。

就此状况，他告知希特勒，对希特勒坦白了可能战败的现状。

而希特勒不管不顾，回给他一份电文，要求他支撑到底。电文如此说道：

> 陆军元帅隆美尔：我与德国人民怀着对你的领导能力和在你领导之下的德、意部队的英勇精神的忠实信心，注视着在埃及进行的英勇防御战。在你现在所处的形势下，只有坚守阵地，绝不后退一步，把每一支枪、每一名战士投入战斗。现正作最大努力帮助你。你的敌人，尽管占着优势，但也一定是精疲力竭了。历史上坚强的意志取胜于实力强大的军队也并不是绝无仅有。至于你的部队，你要向他们指出，要么就是胜利，要么就是死亡，别无其他道路。

这份电文令隆美尔十分愤怒，但又无可奈何。他在与妻子的通信中说，死去者是幸运的，因为今后的苦难就与他们无关了。

11月4日，法西斯军一败涂地，只有少量部队企图顽抗，但希望渺茫。

11月5日，隆美尔大部队仓皇撤离。

隆美尔麾下的500辆装甲车此时只有12辆，部队损失了59万人，其中34万德国人，大炮损失了四百多门，上百名军官被俘，其中还有他的亲信。

隆美尔的埃及之梦就此破灭了。

在这困难的状况下，隆美尔没有经过批准，在11月28日飞往腊斯登堡的希特勒大本营求救。他如愿见到了希特勒，他介绍了北非现在的状况，并提出，如果德军继续待在北非，只有被歼灭的下场。

希特勒对他的话表达了巨大的愤怒。他无所不用其极地指责隆美尔，说他是一个失败的胆小鬼。但隆美尔立即反驳了他的指责，直截了当地提出，身在东普鲁士的希特勒是不能、也确实没有正确了解发生在北非的战斗。

当即，希特勒大发雷霆，赶走了隆美尔。

但转过头，希特勒就觉得自己太过失态了，开始主动向隆美尔表达歉意，并许诺会派戈林到罗马去解决军需的问题。第二日，隆美尔与戈林一起到达罗马，要求墨索里尼采取行动，解决问题。

墨索里尼的日子并不比隆美尔好过。利比亚的失败让这个满心帝国梦的独裁者深受打击，在失去利益的同时，他还要不断地做出无谓的付出，这使他满腹的忧愁，同时对德国人在军事上的一意孤行越发不满。

阿拉曼战役是法西斯末日的前奏，是盟军所赢得的一场极具决定性的战役。隆美尔即使拼命地试图挽救一些局面，也改变不了定局。

阿拉曼战役之后，更大的灾难将要降临在法西斯头上："火炬战役"就快开始了。

在阿拉曼防线上，蒙哥马利向西边追击隆美尔军团的同时，美国的艾森豪威尔将军统率下的英美联军也在摩洛哥与阿尔及利亚的海滩登陆了。这次登陆，开辟了代号为"火炬"的西非战场，这一战场的开辟也为世界范围内的反法西斯战争开辟出了一个新局面。

1942年11月8日，一声炮响震醒了纳粹的外长里宾特洛甫，他急忙了解情况，当他得知，是盟军在地中海南岸法属北非登陆了之后，他紧张不已，连忙打电话到罗马，将此消息告知齐亚诺。获悉此事的齐亚诺也一刻不敢耽误，把消息告诉墨索里尼。

听到这个消息，墨索里尼惊呆了，一时之间不知该作何反应。

"法属北非"包括法属摩洛哥、突尼斯和阿尔及利亚，在法国投降后，维希政府在此区域驻有20万军队和500架飞机。该政府的军政首脑与当时的美国国务卿赫尔有联系。在这个政府中，有一些不想站在德国一边的反法西斯者，魏刚、朱安、吉罗等将领与美国驻阿尔及尔的总领事墨菲也有着密切关系。魏刚曾毫不隐讳地对墨菲说："假如你仅仅带一个师来，我将向你开枪；假如你带20个师来，我就要拥抱你了！"可以看出其真实的立场和态度。

"火炬计划"的提出肇始于1941年底。那时，丘吉尔访美，在和罗斯福交涉时提出了这个北非登陆的计划。经历一番协商确定了这个代号为"火炬"的行动计划。这次计划的正副总指挥分别由美军的艾森豪威尔及英军的亚历山大担任。这次行动以彻底歼灭北非的德意军，控制地中海，稳固中东势力为目的，给未来在意大利和巴尔干半岛的一系列军事行动打下坚实基础。

英美集团所做的战略选择是有其深意的。之所以选择在北非进行登陆，开辟第二战场，而不是在西欧，主要和英美的阶级性质有关。英美在这次世界范围内的反法西斯战争中，立场并不单纯。一方面，他们确实是致力于反法西斯，但另一方面，他们也有着他们身为帝国主义国家的战略追求。他们对于苏联的扶助，就是希望苏联可以更长久地抵抗法西斯，以免德军在苏联落败后西进，直接攻击英国本土，而后继续西渡，攻打美国。他们更希望看到的是在长久的战争中，苏德之间不断消耗彼此的实力，如果最终能两败俱伤，那最好不过。也因此，如果不把第二战场的开辟选在北非而选西欧，那么就要和法西斯军队直接战斗，这样的战斗是要付出惨痛的代价的。狡猾的帝国主义国家不会做出不利己的选择，北非与西非是法维希政府的殖民地，而正好维希政府与美国建立了外交关系，选择这样的地方登陆，既有计可施，又不会面对太大风险。

对英国而言，如果能够占领北非，那么盟军就可以更直接地从隆美尔军团的后方对他们造成威胁，对于解除埃及之困也是很重要的一步。若能成功将德意军自北非驱逐，地中海航道就可以彻底恢复，对于大英帝国的殖民体系扩张也十分有利。

而对美国来讲，若德国成功占据西非、北非，就会东进与自高加索南下的部队会师，然后与日本军队合作，从达卡尔航道进向巴西，就将直接地威胁到美国本土的安全。同时，美国对于西非、北非、地中海也颇有野心，希望可以借此行动，扩大美国的影响力。

"火炬行动"的具体方案在1942年的7月开始拟制，在英美双方最高领导人的不断干预下，于9月20日达成了一个最终方案：在卡萨布兰卡、奥兰和阿尔及尔三处登陆。参战队伍包括13个师，650艘军舰与运输船，另有1700架飞机，重点驻守在直布罗陀要塞进行空中保障。

11月5日，艾森豪威尔飞抵直布罗陀，在前线直接指挥这场重要的登陆战。

直布罗陀起初只是一个小型的降落场，而它的高潮就要到来。自1942年开始扩建成有宽阔跑道的机场，大批"火炬计划"中要用的飞机就集中于此。英美联军的行动始终在德意军的眼皮子底下进行，但是他们没有想到后续会是怎样的灾难。在当下，他们以为这些飞机是用来支援马耳他岛的，并没有特别关注。

实际上，德军统帅部很早就已经知道盟军的大批军舰正在直布罗陀汇合，11月5日还听到大西洋的大批运输船也在直布罗陀集结。但忙于关注苏联战场的希特勒并未分心给予重视。他以为这只是一个小小的登陆计划，只是为了从后方对隆美尔和墨索里尼的军队进行打击。因而希特勒只表示要地中海加强空军力量，并要求西线总司令龙德施泰特准备开始占领法国南部地区的"阿提拉计划"。

交代完他认为的所有事务后，他轻松地驱车至慕尼黑，为11月8日的啤酒馆政变十九周年纪念日做准备。

得益于希特勒的轻忽，登陆进行得异常顺利。

11月8日，十万英美大军在大量飞机的掩护之下兵分三路开始在北非登陆。负责卡萨布兰卡登陆的巴顿将军在内应失败的情况下于11日成功结束战斗；负责奥兰的美国第二军在法军的顽固抵抗下在10日停止战斗，占领奥兰；阿尔及尔的登陆在其内部刚刚发生过暴动的前提下几乎没有遇到抵抗便轻取了。

盟军登陆之后，为了使局势尽早得到稳定，法国的吉罗将军发表了演说，号召北非的法军都停止抵抗。盟军也派出代表与维希政府的武装部队总司令达尔朗签订停战协议。

11月10日，达尔朗发出停战指令。

11月12日，阿尔及尔以西全部停止战斗。

11月13日，盟军与达尔朗达成最后协定，法在北非与盟军达成合作，盟军承认达尔朗的行政权力，法国军队由吉罗将军指挥。

但一切看似尘埃落定之后，达尔朗没有消停。他不但任用维希官员中与法西斯密切合作的人，还将当地的戴高乐分子关押在狱。这些行为被当时的法国人民群起而攻之，在 12 月 23 日，达尔朗被刺身亡，付出了他的代价。

另一方面，英美军在北非的一系列行动完全出乎了墨索里尼和希特勒的意料。他们在此之前从未想过盟军是打算登陆北非，甚至直到盟军的主力穿过直布罗陀海峡，他们仍然以为这支军队是想增援马耳他岛。

现实在 11 月 8 日给了法西斯一个耳光。当盟军逼近北非的报告频繁传至维希，北非的形势风云变幻。对于这突变的状况，希特勒的一系列应对显得非常混乱。他的大量指示看起来和当前的战局都风马牛不相及。在下达了许多荒唐的指令后，他要求墨索里尼和当时的维希法国总理皮埃尔·赖伐尔来慕尼黑与他会面。

在没有厘清究竟之前，墨索里尼不愿和希特勒直接见面，他托故不往，只派齐亚诺去探听消息。与他相反，赖伐尔十分积极地前去与希特勒会面，由于路上大雾，在 11 月 10 日到达慕尼黑。

希特勒在此期间一直沉浸在与法国结成联盟的想法之中。他认为当前一定要使贝当政府加强反对盟军在北非登陆的决心。11 月 8 日，法国元帅贝当与美切断外交关系，直言法军将抵抗英美的入侵。贝当的这一行为大大激励了希特勒。当晚，德国驻维希代表向贝当提出，希望德法结成联盟。

而之后，阿尔及尔的事件戳破了希特勒的幻想，他向齐亚诺透露，他已然决心占领法国，登陆科西嘉，在突尼斯建立桥头堡。在赖伐尔到达慕尼黑后，希特勒直接将此决定告知于他，软弱的卖国贼诺诺答应，并表示会说服贝当接受希特勒的要求，让德军不必顾忌贝当，可直接按计划行事。这一切正中元首下怀。

11 月 9 日，德国空军占领利比亚的扎维亚机场。当日，墨索里尼和希特勒的部队开到了突尼斯。在盟军和轴心国军队从西方和东方分别开向突尼斯时，驻守突尼斯的埃斯特瓦海军上校十分恐惧。在反复地思考后，他决定带着守军向西边投奔吉罗将军。

11月11日，希特勒占领法占区的计划开始正式执行，除了贝当枉然地抗议外，没有任何障碍。墨索里尼的军队成功占领了科西嘉岛，但墨索里尼仍然心生不安，近来一连串的事件都让他觉得失望，现在他觉得，只要在利比亚能守住原阿杰达比亚这条防线他就觉得十分庆幸了。

而希特勒此时仿佛热血上头的赌徒，因为已经血本无归，就更加破罐破摔。11月13日，他向贝当保证不会占领土伦的法军基地；11月17日就开始反悔，决定实施占领土伦并夺取法军舰队的"利拉计划"。

17日，德军进攻土伦，法军进行了坚决抵抗，勉强使法军的舰队没有落到轴心国手中。

在杀红了眼般的拼搏下，希特勒终于在艾森豪威尔之前拿下了突尼斯。然而为了守住这里，需要大量的投入。25万德意部队在此备战。

1943年3月，厮杀正式开始。相对于英美联军方面的人员齐整，德意联军显得人员与装备缺陷极大，在亚历山大与蒙哥马利两边大军之间十分辛苦。

而另一边，隆美尔进行了四度大规模进攻，却次次以惨败告终。"沙漠之狐"终于彻底认识到，如果再坚持留在非洲，轴心军队只有死路一条。

这样的看法使得隆美尔成为希特勒眼中最可恶的悲观主义者，他也因此失去了对非洲军团的指挥权。

与此同时，蒙哥马利的第八集团军仍然积极推进，围攻敌军的主要阵地马雷特防线。这条防线是战前法国人为防备意大利入侵突尼斯而修建的非常严密的防守系统。轴心国方面在隘口修建防御工事，尽力加固这一防线。蒙哥马利为了突破此隘口，增派侧击纵队，使得德意军面临合围之困，不得不在4月份撤退到了突尼斯北部，成为盟军的瓮中之鳖。

1943年4月19日，盟军集中几方兵力发起总攻，在5月7日攻占了突尼斯和比塞大港。由于没有运输船辅助撤退，25万德意部队在5月13日投降。

至此，北非的德意军被彻底肃清。地中海的形势从根本上被改变了。相对的，墨索里尼的非洲帝国之梦也完完全全地分崩离析了。

一直以来，不断的败仗、苦闷以及荒淫无度的私生活，不但摧垮着墨索里尼的精神，同样也搞垮了他的身体。他显得苍老而疲惫。不但是战场上连连失败，就是连身边的情妇也为他惹来政治上的麻烦，丑闻不断。

内外交困之下，孤家寡人的墨索里尼日渐颓败，再没有当年不可一世的领袖风采了。

在突尼斯的胜利大大激励了盟军。一不做，二不休，盟军即刻准备直接北上，向意大利本土发起进攻。

失落了帝国之梦的墨索里尼接连遭受打击，面对即将到来的战争，他提心吊胆，心中毫无胜算。这一时期的意大利人民在不断的败仗里也完全失去信心，民众之中，军队内部，一股失败主义的情绪在悄然蔓延，他们不想要国土的扩张，只想要平静的生活。在以工业为主的米兰和都灵，大规模的工人罢工频频出现，他们举着"面包、和平、自由"的标语，呼喊着口号，在街道上表达着自己的诉求。

邪恶的、腐败的、名誉扫地的法西斯政权，就这样一点点儿地开始瓦解。

墨索里尼坐不下去了。他没有希特勒莫名其妙的胆略和决心，他的狠勇常常都与敌对者的能力成反比。因此，随着苏联红军的不断胜利以及盟军在北非的成功登陆，墨索里尼开始对希特勒的决定产生怀疑。他有意无意地向希特勒呼吁，希望他可以和斯大林议和，这样就可以把东线的德军调到西线，与意军一起应付地中海的危局。如若不然，不但苏联方面，法西斯吃不到好果子，在地中海乃至西欧大陆上，德意联军都要吃亏。

希特勒看出了墨索里尼的不安，他决定再次与其举行一次面对面的会谈。正如每次会谈那样，墨索里尼很快就被希特勒鼓舞了。不得不说希特勒滔滔不绝的吹嘘颇能蛊惑人心，来时还一脸颓败的墨索里尼在返回的时候已经是满面兴奋的红光。

盟军方面此时在兴奋之中又隐隐不安。虽然在北非的登陆成功了，但他们不敢松懈得太早，立刻开始下一次进攻的布局。1943年1月，战局还未结束时，罗斯福与丘吉尔在卡萨布兰卡举行会谈，初步商定在突尼斯的军事行动结束后，进攻意大利的西西里岛。但由于两国的三军参谋长对此有分歧意见，具体的筹划就暂时搁置了。

1943年5月11日，北非战局就要结束，丘吉尔多次访美，敦促罗斯福进行决定。

5月29日，丘吉尔、马歇尔、艾森豪威尔、亚历山大召开军事会议，最后决定，下一步进攻西西里岛，若进展无碍，就进一步打入意大利本土。

一旦这一举让意大利退出战争，德国就必须派兵补齐空缺，便会造成兵力的大大分散，这对之后第二战场的开辟非常有利。

此行动以"哈斯基"为代码，由亚历山大将军指挥，总兵力达四十七万余人。根据初步计划，进攻以空军为开端，进行大规模轰炸，打击敌军的海空力量，再由英美联军兵分两路进行登陆，围歼德意军，最终占领全岛。

当时，墨索里尼的武装力量连续遭受惨败，但从实际情况上讲，他们的防御力量并不能被轻忽。在行动开始之前，西西里岛上驻有墨索里尼二十五万余人的部队，并可以得到500架飞机的及时支援，面对这样的防御力量，英国人不敢轻忽，反复商议之后，对希特勒和墨索里尼设下了一个圈套。

1943年6月11日，盟军攻占了潘特莱里亚，此时盟军的目的已经昭然若揭，几乎把"下一个是西西里"写在了大旗上。盟军希望，利用这种

"除了傻瓜，谁都能看出来"的明显性，对希特勒做出一点儿迷惑。

因为西西里是一个太过明确的目标，所以，盟军初步计划在南欧沿海的其他地区进行登陆，为了掩盖真正的目的，他们希望让希特勒认为，盟军的目标一是希腊，通过希腊向巴尔干推进，二是撒丁岛，以此作为进攻法国南部的跳板。基于此，英国开始布置了一场以肉馅为代号的骗局。这个骗局在战争史上获得了很高的评价。

这个计划设计得非常巧妙。他们要把一个内附文件的公文包送到德国人手中，让德国人认为盟军企图进攻撒丁岛与希腊。根据盟军对德国谍报机关的了解，他们打算自西班牙韦尔瓦附近丢出一具尸体，任其漂流，因为德国在西班牙有着大量的间谍网，并与佛朗哥政府联系密切，他们必然会很快得到这一信息。

谋略机关找到了一具胸内有积水的、30岁左右的男尸。他们为尸体伪造了皇家海军上尉的身份，通过账单、透支单、催款信、情书、信件等一系列文件为这个男子构造了一个全新的身份与生活。

这些精妙的细节最终是为了一个巨大的谎言。在尸体身上众多文件之中，有一份的内容明确表示了，盟军的确准备进攻西西里，但他们的这些举动只是作为对撒丁岛和希腊进行攻击的一种掩护。

这个计划如预想般进行得十分顺利。在西班牙人打捞起尸首后，德国的谍报组织立刻得到了英国人希望他们得到的信息。希特勒对于这封信深信不疑。因为他已经无力从苏联战场调集兵力，他很快致信墨索里尼，信里表达了他对巴尔干局面的担忧。

当时，巴尔干半岛上，意大利军是绝对的主力，如果意大利投降，希特勒就要到处寻求替代兵力了。基于这点，英国方面再次给希特勒施加恐慌心理。在撒丁岛附近的海岸上，一具身着英国突击队服的死者尸体上也藏有一些文件，而那些文件表明了他是一支侦查撒丁岛海岸小队的一员。这使德国人更加相信，英美军的真正目标是巴尔干。

获得了这些情报的希特勒极为得意,他觉得自己聪明地绕过了一次骗局。他立刻下令,让德军加强对于撒丁岛与伯罗奔尼撒的防备。

根据希特勒指令,纳粹的统帅们被指派到各个受威胁地区。隆美尔被派到最重要的雅典去组织集团军。大量的精要部队被派到撒丁岛和希腊。

这一次,希特勒上了大大的一当,他非常信任的情报部门辜负了他的信任,推着他犯下这不可挽回之错。

当隆美尔把他的大本营搬至希腊,盟军就正式展开了对西西里岛的进攻。

1943年6月11日,盟军登陆了西西里岛和突尼斯之间墨索里尼的飞机和鱼雷艇基地——班泰雷利亚岛,在没有任何伤亡的状况下,盟军俘虏了十一万余人。随后,相邻小岛上的意军也纷纷投降。西西里岛南面可以说被全部肃清了。

7月3日,英美军开始进行大规模的空袭,由于他们声东击西的策略,轴心国一时之间搞不清主攻的目标,因此,当登陆开始,德意海空两军均没能组织有效的抵抗。

7月9日,盟军的各个部队集结完毕,转向西西里岛。虽然当天的气候恶劣,盟军依然坚持进攻,这也恰巧成就了一次敌军没有想到的袭击。虽然空降兵在这次袭击中损失惨重,但是仍然在首日就夺下了纵深五到十五公里的登陆场。

7月18日,西西里岛上可参战的德国飞机仅剩25架,落入盟军手中的机场已经有十二个之多。盟军占领全岛的日子很快就要到了。

7月19日,希特勒和墨索里尼又一次举行了会谈。希特勒一如既往地夸夸其谈,许着一些无法兑现的承诺。而被愤怒、无力和疲劳击倒了的墨索里尼已经无力振作了。

而正在会议进行的过程中,盟军对罗马进行轰炸的消息传来,墨索里尼的心情更是如坠深渊。他知道，败局已经注定。

8月1日，盟军再次发起新的攻势，并从北非调来了两个师辅助作战。法西斯军在此处的防守部队也得到了增援，几天的激烈争斗后，8月5日英军攻克卡塔尼亚，8月15日，美军进入墨西拿。

8月17日，德军从西西里岛北部撤退到意大利本土南部，而意大利部队因为来不及撤退全部投降。

至此，这场38天的战役彻底结束。歼敌167万人，盟军伤亡31万人，算是一次大胜。

这场胜利的因素有很多。客观上，当时驻守在岛上的意大利部队多为当地人，厌战情绪严重，不愿因为战争破坏家乡，因而也不想进行认真的抵抗。德军在该岛上则不具备很强的战斗力。主观上，英军的"肉馅计划"为盟军争取到了极大的优势，在这个陷阱里，希特勒被坑得团团转。

总而言之，从结果上来看，盟军已经彻底地夺取了意大利。在战争还未结束时，有关下一步该如何走的讨论就在激烈地进行，英美意见不一：丘吉尔希望可以乘胜追击攻占罗马，在意大利尽可能地北进，并进军巴尔干；而美军则希望尽早横渡英吉利海峡开辟第二战场。

正当这一切悬而未决时，7月25日，墨索里尼倒台的消息传来。这个消息让英美之间的意见不再纠缠，进攻意大利成为当时的当务之急。

·第七章·

魔王末日：暴尸街头，
臭名昭著

第一节
举国愤怒，法西斯头子终于被赶下了台

墨索里尼的梦幻破灭了，长年的痴想一朝破灭，对于他来说不啻是一种毁灭性的打击。二十一年来极尽卑鄙、残酷和贪婪的统治，意大利在他的摆布下一步步走入黑暗与罪恶的深渊。如今，他终于力竭了，他丧心病狂的梦想也终于彻底从高空跌落，而那罪恶的碎片，沾染着鲜血和亡魂，依然洒满意大利的大地，为无辜的意大利人带去无尽的伤害。

面对失败，面对不再平静的生活，意大利人民满腔的愤怒都投了向墨索里尼。这么多年来，他们忍受着墨索里尼一切的欺骗与奴役，到了这时，他们再也忍不下去了。

接二连三地，意大利在北非、地中海与西西里岛兵败如山倒，外部的惨败更加引起内部不满的发酵，墨索里尼政权就如此一步一步地走向彻底的垮塌。

魔王似乎也看到了他的末日。

意大利法西斯的军队长久以来都让他失望。当他每每认为，状况已经差到不能再差的时候，这支军队总会以实际行动告诉他：我们还可以

更差。

兵力的缺少是最客观且无法挽救的问题，兵力的分散，士气的低落，更加像一波一波的浪潮，把这支军队拍得七零八落。负责国内防御的 47 个师战斗力低弱，而身处苏德战场的第八集团军已经损失了近 15 万人，法国和巴尔干地区的意军则是被游击队打压得无法抬头。

在这危急时刻，意大利的"盟友"也已经无力驰援。

多年来，巨大的军费已经快要拖垮意大利的经济。而在你来我往的战争里，意大利大量的工业中心都被夷为平地。1943 年，国家预算的赤字达 870 亿里拉之多，收入只占支出的百分之三十六。

经济的下降伴随着一系列社会问题，就像多米诺骨牌倒下的第一块，连带着一串恶性循环，物价上涨，物资缺乏，各类苛捐杂税统统成为压在人民身上的重担，相应的，人民也对法西斯政权越来越不满。意大利共产党适时地开始活动，带领有着激烈反对情绪的民众掀起罢工和反战的浪潮。

外力的冲击，内部的松动，墨索里尼的统治摇摇欲坠。

陷在泥潭里的人从不会静静地等待下沉，即使是垂死挣扎，也要放手一搏。危局之中，墨索里尼没有放弃，因而当他的手下提出从巴尔干半岛撤回意大利军队的时候，他深感受辱。在他看来，这些部队对于德国在欧洲的战略地位是一个重要的补充力量——直到此时，他还做着权力在握的春秋大梦。他似乎没有意识到，此刻涣散的民心已经托不起他贪婪的权力欲望，此时的他大势已去。

西西里战场之败带来的不仅是外部的人心涣散。在统治集团之内，曾经握在一起的手也逐一撤走。那些卑鄙的投机者们开始纷纷认识到，再这样下去是没有前途的。那些法西斯统治集团内部，曾经最为亲密的追随者们，也开始计划着反叛。在这反叛的背后，一个代表着广泛阶层的密谋正在成型，人们对墨索里尼的忍耐已经到了最后的时刻。

1943年7月以来混乱的形势和动荡的政局滋生着另外一种可能。在盟军空袭罗马后，人人自危，许多城市发生骚动，保障人民最基本生存需求的粮食供应也开始出现困难。事实证明，这种乱正是"立"前之"破"。

7月17日，为能够进一步孤立化墨索里尼的政权，盟国的飞机开始在罗马和许多意大利城市上空散发传单，打算先从广泛的意识上进行离间。这个以罗斯福和丘吉尔联名致意大利人的《文告》中这样说：

"在目前这个时刻，美国和英国的联合武装部队，在艾森豪威尔将军和他的副总司令亚历山大将军的指挥下，正把战争深深地推进到你们的国土。这是墨索里尼及其法西斯政权，迫使你们接受的那种可耻的领导所带来的直接后果。墨索里尼引导你们作为一个残杀各国人民并摧毁人们自由的野蛮国家的仆从，参加了这场战争。墨索里尼把你们投入了他认为希特勒已经稳操胜券的战争。尽管意大利容易遭受来自空中和海上的袭击，你们的法西斯领袖却仍然把你们的子弟、你们的舰只、你们的空军派往遥远的战场，帮助德国去实现它想要征服英国、俄国和全世界的企图。这种与纳粹德国的阴谋勾结，同意大利在自由与文化方面的悠久传统，也就是同英美两国人民与之有极其深厚的渊源关系的那些传统，是极不相称的。你们的士兵不是为了意大利的利益，而是为了纳粹德国作战。他们进行了英勇的战斗，但是他们在俄国前线以及在从阿拉曼到邦角的非洲各个战场上，都被德国人出卖和遗弃了。

"今天，德国企图征服世界的希望，在各个战场上都已经被粉碎了。意大利的天空是在美国和英国庞大的空中机队的控制下。意大利的海岸受到了英国和盟国集中在地中海的前所未有的最大海军力量的威胁。

"为意大利谋取生存的唯一希望，在于对盟国的武装部队的不可抗拒的威力，实行体面的投降。如果你们继续容忍为纳粹党的邪恶势力服务的法西斯政权，你们势必要承受你们自己的选择所带来的痛苦后果。我们并不乐意攻入意大利的领土，使意大利人民经受战争毁灭的悲剧；但是，我们坚决要摧毁那些虚伪的领袖和他们的那种使意大利沦落到如此处境的主义……你们的一切利益，你们的一切传统，都被德国和你们自己的虚伪而又腐化的领袖们背弃了；只有推翻上述两者以后，一个重新建立的意大利，才能在欧洲国家的大家庭中得到受人尊敬的地位。

"现在，由你们意大利人民考虑你们自己的自尊，你们自己的利益，以及你们自己要求恢复国家的尊严、安全与和平的愿望的时刻，已经来到了。现在这个时刻要求你们决定：意大利人究竟是要为墨索里尼和希特勒卖命，还是为意大利和文明求生。"

这正是乱局之中一声引路的大喝。痛苦、混乱、无所适从的人民似乎在这篇文章里找到了一条求生之路。平地惊雷般的，意大利震颤了。罢工、游行，反对的声音越来越大，逐渐汇聚成一条足以推翻法西斯多年残酷统治的河流。墨索里尼有如热锅上的蚂蚁，法西斯大厦将倾，正如一切毁灭都有其先兆，墨索里尼觉得阴影已经覆盖到他的头顶，接下来的日子，朝不保夕。

墨索里尼起先急迫地要与盟友会面协商。他与希特勒在费尔特雷的一处别墅里进行会谈。会谈上，希特勒还是一如既往地喋喋不休，努力地为这个已经焦头烂额的盟友打气。他说他们准备用以袭击英国的秘密武器将在冬天投入使用，之后就可以重新夺回在西西里岛的主动权。但他直言，这一时期，意大利人必须要靠自己提供人力和组织，德国在苏联战场的压力很大，已经无暇向意大利提供增援。

墨索里尼听了，心知大势已去。西西里的意大利军已经熬不到冬季了，即便那时有再新型的武器，也只能作为为他们默哀的礼炮，响在战后的天空之上。

意大利的总参谋长安布罗西奥希望墨索里尼可以向希特勒直接表达意大利已经无力继续参战的现实，然而墨索里尼无动于衷的反应让他无比失望。这样的表现让在场的意大利将领们作出决定：他们不该被这样的人

· 223 ·

继续领导了。

另一方面，密谋中的一切正悄然步入轨迹。

会谈进行到一半时，一个紧张的意大利军官进来向墨索里尼报告了一个噩耗：罗马正被盟军猛烈地轰炸。

不得已，墨索里尼草草结束了这次对他而言没有得到除了空头支票外的任何好处的会谈，急忙赶回罗马。此时罗马已经处处烽烟。国王维克多·伊曼纽尔无奈地表示，局势已经到了无法挽救的状态，他们已经撑不下去了，西西里岛彻底落到西方国家的手中，意军也已瓦解，那个靠不住的盟军此时肯定不会来拯救他们于水火，甚至会反过来出卖他们。

一切都像是上好了发条的钟摆，按部就班地向前，一切都快走到终结。

法西斯元老、意大利的前外交部部长狄诺·格兰第已经到达罗马，密谋中的角色一一到齐，只等最后的结局上演。

7月22日，在格兰第的要求下，一场法西斯党的最高委员会——大委员会即将召开。从1939年12月以来，这个完完全全听命于墨索里尼的机构就没有召开过会议了。而今，在众多委员的要求之下，已经开始被边缘化的墨索里尼无奈地答应，在7月24日举行这个会议。他隐隐感觉到，这次会议将带来一个不同寻常的改变。

议会向国王提出，应该寻求一种更为可行的政策，这种政策应该能够使得意大利从现在重重的积弊之中恢复起来。大议会做出如此要求：一切被墨索里尼攫取的，由法律和宪法赋予国王、大臣、议会和大议会的一切权力都应该被归还。这样的议案，即便没有指名道姓，但整个政府，乃至全意大利对于墨索里尼独裁的失望已经昭然若揭。

我们现在无法明确地知晓，当时的墨索里尼为何会轻易地放任这一议案的表决。只能说，也许是他当时的身体状况和精神状况已经使他无力寻找一种能够让人重新对他充满希望的替代政策了。要知道，在墨索里尼上台后，大议会提出的议案，在审议结束后可以走到表决这一步的，可说是寥若晨星。

当此时刻，墨索里尼的智力不断下降，记忆力、反应力大不如前，他丧失了原有的敏锐的政治触觉，甚至没有意识到，这次表决会将他送上绝路。

他其实非常清楚，这么多年来，意大利人对于他在战争上的立场和作为十分不满，也知道，他可能会成为意大利的罪人。但是由于长久以来，他所精心挑选出的庸庸碌碌的同事们总是对他的一切言论唯唯诺诺，没有任何骨气可言，所以，他根本不会想到，从这些人里会生出根根反骨。他常常贬低这些人，说他们没有头脑，说他们怯懦无能，也深知这些人的富贵荣华全部来源于自己的纵容，他认为这些人永远会服从他，一如他刚刚提拔起他们时那样。他在不久前还曾夸口："法西斯党内部根本不存在像德国那样使希特勒感到头痛的派别、集团或铁腕人物；在意大利，他可以保证人人都会绝对服从。"

当然，并不排除另外一种可能。墨索里尼这时已经精疲力竭、雄心尽丧，他也可能是在有意无意地寻找一个借口，可以体体面面地脱离柏林，他独霸政坛太多年，已经不知道如何让自己走下来，索性就让别人帮他做出离开的决定。他事先略微了解到，大议会中的一部分成员想让他交出权力，让军事大权落在真正懂军事的人手中，他内心深处，其实也不反感放下一小部分权力，毕竟他现在身体实在是撑不住了，轻松一些也好。

但他无论如何也想不到，议会竟会捅他这么深的一刀。他原本认为，至少国王本人无论如何都会站在他的一边。虽然他注意到，这两天威尼斯宫的警察卫队人数开始减少，但他并没有特别在意，他以为这是为了让大议会的议员们能够更加畅所欲言。他不反感这种安排，因为也只有如此他才能知道，这些人到底想批判他的什么，以及批判者到底是哪些人。

而他不知道的是，这些准备提出批判的人当时甚至已经在口袋中准备了手榴弹，随时准备着面对最坏的状况，幸而最后什么都没有发生。

会议一开始，墨索里尼首先像往常一样作了一番演讲。这番讲话已经没有了他当年的风采，只是一通东拉西扯、空洞无物、心不在焉而且支离破碎的空话。在场的议员们都觉得，这个可怜的老头，他可能已经不想干了。他的讲话里没有任何实质的内容，不涉及此前意大利危急的处境，更没有提出什么有价值的解决之道，他通篇都在指责别人，他不提他在政治上的判断失误，不提他战略上的异想天开，只是责备意大利无能的军队，辱骂军队的孱弱。

齐亚诺、格兰第、博塔伊等人一个接一个地开始发言，不断申明他们是效忠领袖和法西斯主义的，甚至说，如果一切顺利，他们愿意继续战争。可是其他的温和派与极端派对于这些人一直以来的封锁消息和在其位不谋其政感到非常愤恨。极端主义者法里纳契开门见山地表达了自己的不满，他愤怒地说，墨索里尼早就歪曲了法西斯主义的思想，抛弃了法西斯主义的优秀传统，法西斯主义已经因为领袖的失误走到崩溃的边缘，没有办法挽救了。若想继续生存下去，就一定要立刻改变当前的方针政策。

他看似冷静，实则饱含着怒意问道："到底有无胜利的可能？如果没有，是否可以实现和平以及怎样实现？"

面对这犀利的质疑，墨索里尼先是沉默以对，不知道是根本没反应过来，还是在思考该如何回应。旁观者们看到他没有发怒，也开始大着胆子提出自己的见解。

博塔伊说，战争之所以会有今天的失败，究其根本，是因为墨索里尼太过脱离法西斯群体，没有与其他法西斯的领导人紧密合作。

接着是格兰第，他说，法西斯确实做了不少坏事，在一些错误的领导下，法西斯把意大利变成了一个又像是兵营又像是监狱的国家，这已经可以证明，独裁是失败的。公众的批评传不到上位者的耳朵，无能之辈占据了高官厚禄的位置却毫无作为，失去自由的意大利人民与意大利一起堕落到灾难之中。这种时候，应该让国王出来，取回他被法西斯夺走的权力。

格兰第的这篇演说被墨索里尼愤怒地斥为"一个久怀怨恨的人终于发泄激愤的一篇演说"。这篇演说之后，大委员会成员、宫廷、政府之间的种种串联已然呼之欲出。外交部部长齐亚诺，这个被墨索里尼视为亲信的女婿竟然也立场坚定地站在格兰第的一边。

这简直是一场空前绝后的严厉批判，这样大规模的批判，让所有旁观的人都不禁心惊。而被批评的墨索里尼此时还在努力维持他的泰然自若。当时的法西斯党书记斯科扎觉得，大议会的所作所为，已经有些越界了，他觉得墨索里尼此时就是一座即将喷发的火山，随时可能溅出滚烫的岩浆，如过去一样把自己的意志强加于人。但是后来他发现自己想错了，现在的墨索里尼手上已经没有好牌了，他甚至没有什么经过深思熟虑的新政策可以颁布。

少数的不知情者默然地看着会场上发生的一切，他们知道，他们即将见证一次对意大利来说颠覆性的政治变动。

这场会议一直进行到午夜时分，格兰第制止了少数人休会再议的建议，他坚持要得出一个结果才能结束这次会议。深夜两点，投票表决开始，会议走到尾声。

这是一次早有预谋的会议。在墨索里尼眼中，所有的人——国王、议员、他的伙伴、亲信——这些人全部勾结在一起，引着另一群还看不清问题原委的旁观者，要将自己推入深渊。

格兰第的倡议就这样被通过了，墨索里尼二十一年的统治，他作为领袖的独裁地位，在此谢幕。

他愤怒地大吼："你们这是在造成政权危机！你们这些糟糕的家伙！"

而这样的愤怒已经没有了来自独裁者的压迫感。

墨索里尼不会这么轻易地放下手中的权力。所有人心知肚明。叛变的参与者没有一个人可以安安心心地回家大睡一觉，他们知道，他们的计划还差最后一步——逮捕墨索里尼。

这一工作主要是由当时的宫廷大臣阿奎罗纳与总参谋长安布罗西奥负责。他们接管了电话局、警察局和内政部内的要害机构，然后派人在王室别墅与威尼斯宫附近布满岗哨。当一切安排就绪，谢幕前的最后一场大戏就即将上演了。

7月25日是一个晴天，天气是难得的好。除了几架盟军的飞机盘旋在罗马上空，给人带来了一些压力外，这里的一切都有如战前般的平静。

刚刚经历了一场政治上的巨大失败的墨索里尼还是在他的威尼斯宫办公室里忙他的工作，他甚至还巡视了几个遭受轰炸的地区。这时的他觉得一切如常，他没有把昨晚的事情太放在心上，也完全没有想到之后发生的一切。

他在下午五点左右要求觐见国王，国王也立刻接待了他。墨索里尼在回忆录里记录这段往事，他对他当时的心情做了如下描述："我认为国王会撤回他授予我的关于指挥武装部队的权力，我在不久以前曾经考虑要放弃这个指挥权。所以，我走进别墅时，心中没有感到任何不祥的预兆，现在回想起来，当时的心情真可以说是十分平静。"

直到见到国王，与他开始对话的前一刻，墨索里尼的心情都颇为平静。

到达国王寓所时，墨索里尼开始有点儿意识到事情的不对。他觉得四周的警卫增加了许多，国王身着大元帅制服，邀请他进入客厅。

国王的言辞并不强硬。他表示，意大利如今的状况非常糟糕，很可能已经走上了不可回头的分崩离析之路。战士们无论如何都不愿再做困兽之斗，白白失去生命了。而昨天，法西斯大委员会做出了那样可怕的表决，整整19个人赞成了格兰第的动议……显而易见，你已经成为众矢之的，只有我，可能还是站在你身边的。你放心，你的安全没有问题，我会给你我所能做的一切保护。而你的职位，接下来就由巴多格里奥元帅来接替吧。

墨索里尼震惊了。他绝对不承想过会听到这样一番话。他强自镇定地回道："你正在作出一个极端严重的决定。目前的危机将使人民认为，那个宣战的人一旦解职，和平就在望了。这对军队士气的打击将是严重的。这个危机将被看作是丘吉尔与斯大林一伙的胜利，尤其是斯大林的胜利。我体会到人民的怨恨。昨天晚上，在法西斯大委员会上，我看到了这一点。一个人统治了这么久的时间，并且使人遭受了这么多的牺牲，那就不能不激起愤恨。不管怎么说，我祝愿控制目前局势的人幸运。"他说出这样一番话，企图在他的离去上加上一些从容和优雅——他已经受够了窘迫和狼狈。

然而苍白脸色还是出卖了他。他心事重重地走出王宫，身形瞬间佝偻，好像一下子就老了几十岁。

可大厦的倾倒永远不可能在毁灭里干干净净，不扬起一丝尘土。二十一年的法西斯统治，墨索里尼想要干干净净地走下这个舞台，只能是一个奢望。

早已布局在宫外的警察立刻逮捕了他，等待他的，将是他从未想过的一段铁窗生涯。

26日，一个新的内阁组成了。巴多格里奥元帅向世界广播了这个消息。自此，墨索里尼这个"新时代的恺撒"黯然结束了他的独裁统治。

墨索里尼被捕的消息很快传遍了罗马和法西斯组织。曾经，被人视为无比强大，足以永恒的法西斯就这样瓦解了，就连墨索里尼自己的报纸《意大利人民报》都没有再号召人们起来保卫领袖，只是悻悻地表示，政权的更迭是正常的表现。甚至，在这份报纸的第一版，墨索里尼的名字也被抹去了，原来放置墨索里尼照片的位置也换上了巴多格里奥。那些曾经宣誓，要为领袖而死的党徒们，更无一人做出什么反抗的动作。即便此时若真心想要营救墨索里尼也并不十分困难。

墨索里尼本人已经失去斗志了。他彻底成为一名囚徒，远离了曾经压在身上的一切责任。起初他被关押在蓬察岛，和一些以前被他监禁的反法西斯主义者软禁在一起。看管得不甚严格。后来，为了防止有意外发生，他被转移到更加安全的马达莱纳岛，虽然看管严格了，但是待遇还是不错，食谱中每天都有水果，甚至还有四升牛奶——要知道，在这种地方弄到牛奶并不是一件容易的事情。

但墨索里尼还是显得非常不安。他总认为有人想要毒害他。他开始专心研读耶稣基督的传记，在和一位神甫深谈之后，他主动表示，愿意参与弥撒，这是他从小到大第一次产生这样的意愿。

在这几周时间里，墨索里尼过着难得的悠闲生活。他开始回想自己的一生，他甚至开始觉得，他和耶稣基督有许多惊人的相似之处。因为他们都被人出卖过，而且因出卖受到了痛苦的折磨。

此间，他开始记录一些感想。他写，民众会毫不留情地捣毁昨日的偶像，然后又为自己所做的感到懊悔，又能怎么样呢，这就是生活。

他坦然承认，这些年来，自己身边从来没有过真正的朋友，而他并不觉得这是一件糟糕的事情。他觉得自己的失败虽已注定，他还是希望，别人不会忘怀他曾有过的丰功伟绩。

这是一段难得的平静日子，但墨索里尼这样的人，总不会永远平静。即使他愿意平静，有人也不愿意让他平静。

第二节
被希特勒营救，却彻底成为一个傀儡

在柏林，墨索里尼的垮台在纳粹统治集团内部造成了很大的震撼。同样是法西斯统治下的国家，面临着相似的内外问题，他们很难不意识到，墨索里尼身上发生的一切是一个极为可怕的先例，如果不加以防范和应对，步后尘者难保不是他们。

希特勒十分不安。原本，在前几天的费尔特雷会谈中，他发现想要让意大利继续参战，不临阵退缩，必须要在意大利法西斯内部进行一次清洗，而他还准备对意大利法西斯党的领袖们施压。7月29日，墨索里尼六十周岁的诞辰上，希特勒还打算委派戈林对墨索里尼再次进行访问，与墨索里尼坐下来谈谈未来怎么走。

但这一切计划都不及变化快。7月25日墨索里尼下台的消息狠狠地为希特勒敲响了警钟。

希特勒连夜召集纳粹头目们举行会议，打算采取所有可能的措施营救墨索里尼。既然现在的意大利已经不能为他们所用，那么他们就去占领罗马，以统治者的身份重振意大利法西斯的力量，让意大利的军队为自己所用。

当晚，希特勒下令攻占德意边境，以及法意边境的阿尔卑斯山所有山口，为此，他迅速集结了八个德军师，由隆美尔亲自指挥。但以隆美尔为首，大多数的德国将领都认为，应该谨慎行事，所有的军事行动都应该从长计议，并进行更加周密的准备。当前，更加重要的是对墨索里尼进行营救，对于巴多格里奥这一新的统帅进行试探与观察。希特勒听从了隆美尔的建议，决定暂停军事行动，先以营救行动为重心。

另一方面，拘禁了墨索里尼后，意大利的国王和巴多格里奥急切地想与同盟军媾和，但是他们又畏惧任何的轻举妄动会造成德国对意大利发动军事攻击，现在孱弱的意大利无论如何也承受不了这样的打击。因此，他们不得不选择观望的态度，想要看清态势，并假装继续协同德国作战。新的外交部部长古阿里格里亚向盟国也做出了解释，他为了缓和德国的猜疑，将在意大利北部与里宾特洛甫进行一次会谈，会谈后的公报明确表示，意大利仍是德国的盟友。

但这些虚假的姿态不能掩饰意大利人渴望和平的真实心思。他们其实早已经期盼能够尽快地摆脱德国人。

8月15日，巴多格里奥政府代表暗中与盟国代表见面，向盟国表示只要盟军出现在意大利本土，政府就会立刻加入盟国对抗德国的阵营之中。

1943年9月3日，盟军登陆意大利。

9月8日，意大利宣布与盟国已签订停战协议，意大利退出战争。

意大利新政府的这一举动完全出乎巴尔干半岛数十万意大利部队的意料之外，大量的意大利军被歼灭。在当地的游击队和力图报复的德国人中间，意军的伤亡十分惨烈，处在极为危险的状况。许多的士兵战死，没有战死的也遭到枪杀，或被放逐到外地。从9月8日宣布停战以后，意大利大约损失了4万人以上。

同时，这件事让希特勒出奇愤怒，意大利的背叛和墨索里尼的被推翻深深地刺激着他，他对自己的地位也开始担心起来。他于是立刻决定，要对意大利动武。

9月8日到9日间，德军开始包围罗马的行动。意大利王室、巴多格里奥和他的内阁阁员以及高级官员乘车离开罗马，他们搭坐两艘快艇，在9月10日到达布林迪西，在盟军的占领区内成立了一个反法西斯的意大利政府机构。

为了防止再一次的叛变，让悲剧在德国重演，希特勒下令撤销了所有德国亲王在国防军中担任的职务。黑森的菲力普亲王以及他的妻子、意大利国王之女玛法尔达公主被希特勒逮捕泄愤。

希特勒此时想再帮墨索里尼一次忙——毕竟，他们也算是有多年交情的"战友"，并且希望墨索里尼可以再任意大利北部新法西斯政府的首脑，以减轻德国在统治上的负担，更好地管理那里的意大利人民——意大利人民中活跃的游击队令纳粹非常头疼。

墨索里尼是7月26日后被拘留在蓬察岛的，之后又被转运到距撒丁岛不远处的拉马达勒那岛。因为害怕德国人的奇袭，在8月底前便将墨索里尼偷偷地转移到了亚平宁山脉最高峰大萨索山峰顶的修养池。那个地方只有一条铁索路可以到达。

在得知墨索里尼确切的关押地之后，希特勒立刻派出飞机去那里侦察，做出可以使用滑翔机运载部队登上那座峰顶的判断。他打算先让部队到那里制服意大利宪兵警卫队，然后用飞机带走墨索里尼。

9月13日，计划开始实施，执行者为一名希姆莱党卫队中的暴徒，名字叫奥托·斯科尔兹内。

为了确保行动的顺利，避免让宪兵队开枪，斯科尔兹内绑架了一位意大利将军。他们以这位将军作为人质，一滴血也没有流地将墨索里尼塞入他们的飞机中。他们先飞至罗马，又从罗马飞往慕尼黑，将墨索里尼带

法西斯狂徒 · faxisikuangtu ·　墨索里尼 · mosuolini ·

被德国人营救出狱的墨索里尼

奥托·斯科尔兹内

第七章 魔王末日：暴尸街头，臭名昭著

去与希特勒进行会谈。

被救的墨索里尼感恩戴德，表示对希特勒言听计从。毕竟，他曾经立誓表达过自己落到盟军手中毋宁死的坚决态度。因为在当时，墨索里尼被捕后不久，就有两家娱乐公司向艾森豪威尔打电报提出要让墨索里尼在他们那里被展览。知道这个消息的墨索里尼怕极了，他生平最不能忍受的事就是在公众面前出丑，他甚至毅然做出了自杀的准备。

在腊斯登堡，墨索里尼与希特勒重逢，这时的墨索里尼已经丧失了雄心壮志，当年烧在他胸膛中的权欲之火几乎已经燃烧殆尽，一次垮台已经让他彻底意志颓唐了起来。甚至，出乎希特勒意料，也让希特勒分外失望的是，墨索里尼似乎并不想在德国的扶持下，再次在意大利恢复法西斯政权了。

对此，希特勒进行百般的游说和劝说，终于，在9月15日，墨索里尼被说动了，他倚靠着德国这座靠山，做出声明，表示：他将重新掌握法西斯的领导权，并将在意大利北部重新建立一个新的政府。

陈旧的制度披挂上革命的华美外衣，似乎要再一次燃起新生的火焰了。

9月底，在一番简单的准备之后，墨索里尼成立了萨洛共和国，总部设在加尔达湖畔。作为纳粹德国的傀儡，他老老实实地执行着希特勒的意志，此时的他手中不再握有他一度为之疯狂的权力，也永远不会再为意大利的人民所接受了。

作为希特勒在意大利的帮凶，墨索里尼并没有如希特勒所言得到全部的信任和权力，他的住所周遭被党卫队的特别部队严格地看守着。同时，为了软化他，使他更为心甘情愿地当这个傀儡，德国人特别把他的情妇克拉拉·贝塔西送到这里。在这个优美的湖畔，又有美人在侧，这个曾经风云一时的人物似乎已经满足。希特勒没有将任何权力交给他，对于那个曾经不可一世、瞧不起任何人的法西斯大魔头而言，这不啻是一种最恶毒的羞辱。

　　墨索里尼成为德国人扶植下的共和法西斯政府首脑，对此，盟国亟待做出反击。除了一贯的军事行动，英美苏三国还发表联合声明，承认巴多格里奥政府为意大利的合法政府。宣言中说："英国、美国和苏联三国政府，承认巴多格里奥元帅所声明的意大利王国政府的立场，并且接受意大利国家和武装部队的积极合作，将它们看作在对德战争中的一个共同交战国。9月8日以来的军事事件，以及德国人对待意大利民众的残暴行为，终于导致了意大利对德国的宣战，事实上这已经使得意大利成为一个共同交战国。美、英、苏三国政府，将要在这种基础上，继续同意大利政府一道工作。三国政府承认意大利政府关于把德国人驱逐出意大利以后，服从意大利人民的意志的诺言。不言而喻，意大利人民通过宪法手段，来决定他们最后所希望的民主形式的政府这一绝对的和充分自由的权利，决不容许遭到任何损害。"

　　原本，因为意大利的投降，盟军可以以极小的代价在爱琴海得到战利品。因为意大利驻防军中，除了少量追随于墨索里尼的部队，大多数还是服从国王与巴多格里奥元帅的命令。若盟军可在意大利驻防军受德军威胁解除装备之前到达驻地，当地的意军就会主动投诚。但可惜的是，德军早早地对意大利产生了怀疑，还准备了相应的对策。

　　罗德、勒罗斯和科斯这三座岛是希特勒和墨索里尼重要的堡垒，是盟军长久以来的战略目标。罗德岛的良好飞机场更是这群岛屿的钥匙，得到了它，盟军的海军甚至有机会控制这整片海域。

　　丘吉尔认为，若盟军能夺取对爱琴海的制空制海权，那么不但可以获得一条很好的供应线，还可以对土耳其产生决定性影响，他们有必要利用意大利和德国遭遇问题时的一切有利形势去获取这一优势。

　　相应的，希特勒也十分坚持，为了营造可信任的政治形象，稳住土耳其的态度，德国坚决不能从爱琴海撤出。

9月底，在英国海上驱逐舰与潜水艇的协助下，三个营的陆军占领了科斯、勒罗斯和萨默斯三岛。科斯岛上的一处飞机场可供盟军的战斗机使用。因而科斯岛立刻成为反攻目标。

9月18日起，科斯岛受到德军频繁空袭。

10月3日，德军伞兵降落到岛上，击退英军，重占科斯岛。

科斯岛陷落当日，英美军分别派出大量增援部队。起初，增援部队起到了很大作用，敌人的运输舰不断被击沉，但是11日后，美国的远程战斗机撤退，制空权再次被德军掌握。

因为战斗机的撤退，德军再次顺利地集结兵力。11月12日，敌军登陆勒罗斯岛，苦战至16日，攻下了勒罗斯岛。

勒罗斯岛的陷落使得盟军在爱琴海的希望落空，并且在战争中受到了相当惨重的损失。与海军相应的，在陆地上的行动，盟军的进展也相当不顺。

原本在9月8日，听到意大利投降的消息时，很多士兵都以为面对他们的将是轻而易举的战斗。然而现实却不尽然。

9月4日，盟军在萨勒诺登陆，对德军进行夜间轰炸，在强烈的炮火攻击下，德军的反抗仍是十分顽强。直到11日，盟军才攻下萨勒诺，建立登陆场。

但由于盟军的缓慢行动，德军能够调集两个师的力量，在13日进行反扑，使盟军后撤，甚至面临失败的可能。好在大批援军及时赶到，才保住了胜利果实。

10月初，在凯塞林元帅的建议下，希特勒决定不再仅仅守住意大利的北部地区，尽可能地向南打。一年来不断从非洲、西西里岛和意大利南部后撤的德军终于杀了个回马枪。

同时，盟军在魁北克会议上作出决议，将横渡英吉利海峡的进攻放在首要位置，使意大利战场变为了次要战场。

这样一来，意大利战场上，敌我力量对比出现了变化，盟军不再占有有利地位。

不过，即便如此，德军的大势已去也已成定局。虽然盟军战得艰苦，但在 12 月份，大部分的敌军也开始逐渐被一一肃清。德军此时虽然还在挣扎，甚至在兵力上还处于有利地位，墨索里尼也还在尽力地搜刮民财人力，但总的来看，法西斯已经日薄西山，最后的毁灭即将到来。

第七章　魔王末日：暴尸街头，臭名昭著

第三节
德军大败，墨索里尼走到了末日

1944年1月初，在意大利南部败北的德军退守古斯塔夫防线。

古斯塔夫防线起自那不勒斯以北的地中海沿岸，横贯意大利中部，由大量钢筋混凝土工事及雷区构成。在当时而言，这堪称是一道坚不可摧的防线。依托这样一道防线，希特勒与墨索里尼企图阻止盟军占领意大利北部的步伐。

盟军方面，经历短暂的休整，他们此时已经处在更有利的态势。针对法西斯的行动，他们也在计划着如何迅速突破古斯塔夫防线，大举攻下罗马，然后一路向北推进，歼灭意大利境内的法西斯残余势力。

两方在力量对比上是相当的。人数上盟军略少于敌人，但是武器装备却远胜，可以说盟军在这场战斗中的纸面力量是略强于法西斯军队的。

丘吉尔主张，可以在古斯塔夫防线的北面，地中海海岸的安齐奥进行一次登陆作战，这次作战可以作为正面军队的配合力量，如一只野猫突然出现，"抓碎德国佬的心脏"。安齐奥是罗马以南45公里处的滨海港口小镇，在此的登陆如果成功，将是一个直取罗马的极好跳板。

1944年1月，美军士兵在安齐奥滩头登陆

于是，遵从丘吉尔的主张，盟军制订"鹅卵石"登陆作战计划。计划规定登陆部队在安齐奥登陆后，从后方突击德军的防御力量，切断退路，而后配合正面军队突破古斯塔夫防线，最终攻占罗马。

1月12日，美第五集团军从卡西诺地区发起进攻，大大牵制了德军的预备队，给安齐奥的登陆创造了有利条件。1月20日，登陆部队抵达安齐奥，第二天凌晨，登陆正式开始。

安齐奥的防御力量很少，且完全不在戒备状态。登陆进行的极为顺利，36万人的部队和三千多辆车就这样被运送到岸。

成功登陆的部队严格奉守"把固守滩头阵地作为首要任务"的嘱咐，没有随着行动的顺利而开展新的推进。这样的裹足不前给了德军大量的喘息空间。德军立刻调来部队加强防务，并依靠有利地形对登陆部队进行反击。在此状况下，盟军在狭窄的登陆场上不能动弹，只凭借绝对的空中力量守住，这样拉锯的局面一直持续到5月中。

5月中，西线盟军筹备诺曼底登陆。这就要求意大利的英美军一定要加大攻势牵制更多的德军。于是，英美军决定在卡西诺到第勒尼安海滨发起一轮新攻势。

5月11日，盟军的进攻开始了。盟军预料到他们将会面对极为激烈的抵抗，但他们有信心拿下这场战争，因为他们已经做好了准备。

当晚，盟军以大炮为先声，对德意敌军进行了猛攻。

36个小时后，盟军中的法军率先攻占了马约山。英军则越过拉皮多河，深入敌军防御地带。

5月14日，法军与增援部队会合，攻占奥索尼亚，继续向西推进。同时，美军成功攻克圣玛丽亚因范特，利里河以南的整个德军右翼开始崩溃。

17日，盟军中的波兰军团成功攻占了修道院西北处的山脊，此处有居高临下的地理优势，可以控制公路，给盟军的推进和最终包围罗马创造了有利条件。

5月18日，英军肃清了卡西诺的法西斯军队，各路盟军都开始取得辉煌的战果。

为了能够最终突破防线，盟军第八集团军利用分段切割战术，在激烈战斗之后，美军进驻丰迪，法军攻占皮科，24日，盟军第八集团军完成了全面突破，向切普拉诺推进。

25日，德军全线退败。

亚历山大将军就这次辉煌的胜利向丘吉尔做了报告。那个布满铁丝网、地雷，被钢筋水泥构筑的，敌军心中坚不可摧的防线，就这样被盟军摧毁了。

而胜利还在继续，战果也将越来越饱满。

在盟军的攻势面前，德军已经被摧垮，短短的两个星期，损失多达五万多人。而对于此，盟军当然不会满足，他们最终的目的是彻底将法西

1944年6月，美国士兵从罗马斗兽场前行军经过

斯阵营扫荡干净。

在南面敌军退败的时候，盟军的空军毫不软化，尽其最大力量阻截敌军，把德军好不容易聚集起来的军队驱散。

德军的凯塞林元帅将他所能调动的所有战斗力集结于瓦尔蒙托内，以期能够阻挡盟军的突破力量。而5月30日，美军一次漂亮的袭击，彻底地突破了罗马南边的德军最后的防线。

6月2日，攻下瓦尔蒙托内的美军继续西进，德军的抵抗全然瓦解。

6月4日，美军的先头部队进入罗马市中心，这个在墨索里尼恐怖统治下挣扎了二十一年的城市终于光复。

罗马这座美丽的、充满文化底蕴的古老城市终于回到了正义、平和与善良的手中。它终于不再是恶魔手里的种子，开成了人民心中的花。这是一朵文明之花，这个四面环山，勾连着人类光辉历史的城市终于冲洗了它的血腥，在和平之风里曳曳生姿。

正如罗马这座城在人类心中特别的地位，罗马的解放在世界范围内都是标志性的大事。这是为正义轰鸣的礼炮，也是给邪恶默哀的挽钟。

好事成双。与此同时，苏联战场上，苏军的反攻也取得了新的进展。5月底，在红军的攻势下，德军已无招架之力。

四处受挫的法西斯开始了末日的倒计时。

穷途末路之下，早已经失去机会的墨索里尼越发颓靡。新罗马帝国的梦想老早就被抛到天边，此时的他不过是有一日过一日，天天和情妇贝塔西斯混在一起，除了享一时之乐，似乎一切都不再被他在乎。

但实际上，墨索里尼并非没有做出任何努力。他在加尼亚诺的时候挑选了一个叫作亚历山德罗的记者担任法西斯党的书记、他的副手。这个人以前曾享有盛名，他机警、敏锐，有着难得的新闻触觉。但是在法西斯主义的洗脑下，他逐渐成为一个残酷的暴徒，对于恐怖主义的一切有着令

1944年7月，墨索里尼与希特勒的最后一次会面

人难以理解的狂热，他总是将法西斯的口号挂在嘴边：血浴可以起到净化作用。次于亚历山德罗的下一号人物是内政部长圭多，在管理与行政能力上，他是留下来的所有法西斯党徒中数一数二的，但是他人格太过低劣，贪污、暴力，声名狼藉。墨索里尼另外还委派图莱奥作为警察总监，作为一个曾经的战斗队员，暴力可以说是他的一切。

选用这样一批人的墨索里尼很难让人相信他已经彻底失去野心。他很明白，这样一群人对于旨在进行安抚的平稳政策毫无兴趣，他们所提出的手段都非常激烈，并不打算采取任何缓解内战所带来的恐惧的措施。

另一边，希特勒还犹自做着困兽之斗。他不愿看着自己的傀儡越来越难用，想要给他打打气、吹吹牛，让这个已经失去目标的彷徨男人重新振作，以支撑当下的危难之局。于是，他让墨索里尼 7 月 20 日到腊斯登堡与他会面。

然而这一天可能正是法西斯的劫难之日。中午 12 点 42 分，一颗被人设下的炸弹爆炸了，希特勒虽然逃过了死劫，却无可避免地大大地受惊了。他被搀扶着走出炸毁的屋子，头发被烧焦了，双腿和手臂也受了伤，被震坏的耳膜使他听不到声音，整个人懵懵懂懂，一瘸一拐，口角的白沫还在慢慢淌着，简直让人无法认出这是那个不可一世的大魔头。

当日下午，这两个站在地狱之门前的独裁者举行了人生中最后一次会面。这次会面因为意外而显得有些荒诞。希特勒此时惊魂方定，他带着墨索里尼视察已经成为瓦砾的会议室。此时的他依然对墨索里尼有着一种优越感，他认为这个曾经的法西斯头目现在不过是他手中的提线木偶，但他又刻意地隐藏这种优越，试图让自己显得友好而平和。

他还是那样充满信心——虽然已是强弩之末——他如以前那么多次一样，做出胜利的预言，即使此刻看来，那些话比泡沫更虚无缥缈。

希特勒故作轻松地描绘着被刺杀的情景，仿佛那个被吓得口吐白沫的是另外的人，他说："我当时正站在这张桌子旁边；炸弹就在我脚前爆

· 245 ·

炸……很明显，我决不会碰到什么不幸的意外。这无疑是命运要我继续前进，完成我的事业……今天在这里发生的事情是一个顶点！大难已经过了……我现在比过去更加确信，我所从事的伟大事业将必然渡过目前的危机，一切都会得到很好的结果。"

刚刚看到废墟场景的墨索里尼简直被吓破了胆，大本营里发生这样的事，对他而言简直有如末日来临。但是一如既往，希特勒的几番话很快打消了他的疑虑。大难不死，他也有过这样的经历，而身处困境中的他却依然相信，好运还在后边等着他呢！

但下一刻发生的事击穿了墨索里尼虚无的信念。在贵宾室饮茶时，一个报告彻底击垮了最后的一点儿信心。这个来自柏林的报告表明，在柏林，也可能是西线，已经爆发军事叛变，于是，纳粹高级将领彼此间互相站队、彼此埋怨的场景就这样出现在墨索里尼眼前，他有些尴尬，也有些绝望。

愤怒的希特勒再也顾不得在墨索里尼面前维持形象了，他跳起来，拖着自己的瘸腿，尖声叫嚣，要将叛徒连根拔出，把他们的老婆孩子关到集中营去，他们别想再得到他的宽恕。

墨索里尼仿佛看到地狱在向他招手。他觉得他之前的一点儿妄想和努力通通白费了。

从1943年9月开始，意大利的军队就开始被送往德国，到了1944年底，在德国生活的意大利人就将近一百万。墨索里尼想在这些人中挑选一部分，重新组建军队。他其实并不想完完全全作为傀儡，他看到德国已经开始靠不住了，就想让自己的政权尽可能地再牢固些。然而，能够给军队提供装备的德国人却觉得意大利军队不能信赖，也不愿意给墨索里尼翻身的机会，希特勒宁可让这百万人作为劳工为德国生产，也不愿意他们转化为战斗力，因为任何非德国的战斗力，都可能是他们潜在的敌人。

大量的意大利人源源不断地被拐骗，送到德国进行强制的劳动，意大利看起来和其他任何一个德占区相比都没有什么区别。

墨索里尼固然是不快的，但是也没什么办法。这种情况下，人人都不愿意被征集去德国，墨索里尼也无法在意大利招募起一支新的军队。

于是，监狱里的囚犯们只要愿意参军，就能得到自由；而一切企图逃避应征的人，就将面临死刑。可是这种种的诱惑和威胁都没有效果。有的法令规定，家中若有男丁拒绝征兵登记，全家都将被抓，所有财产都将充公。另还有规定说，只要协助逃亡者逃往，也要判处死刑，甚至会牵连整个村庄。

这些法令将年轻男子和妇女们逼得无路可走，许多人都上山加入到游击队中。

意大利军队里，最可怕也最不可控的就是半独立军队，根据墨索里尼所言，这种志愿军属于意大利传统的一部分，也因此他对他们无计可施。甚至有些凶残的志愿军想要逮捕墨索里尼本人。可以说，这些志愿军也是有着自己的政治理想的。

1944年6月，盟军沿着意大利半岛开始推进，终于抵达罗马。墨索里尼愤怒地得知，德国人打算不做抵抗地从罗马撤退。他希望希特勒可以改变这一决定，因为对于他当年下台时罗马人的无动于衷甚至兴奋异常，他一直以来都耿耿于怀。他希望让罗马承受一场剧烈的战争冲击。

8月，墨索里尼想在佛罗伦萨开展一次保卫战，但是德国人不知被什么触碰了恻隐之心，最终只炸毁了那里的桥梁，甚至没有对该城的主体造成任何伤害。

墨索里尼对于祖国意大利并没有想要留情。他希望希特勒可以不要过分在意意大利的艺术遗产，更别感情用事，他甚至希望德国放弃苏联那边，将意大利作为主要的战场，他最大的心愿，就是可以在这片土地上重创盟国。他不在意意大利是否会受到伤害，他只希望他的法西斯主义可以永恒。

法西斯狂徒 墨索里尼

随着战斗北推以及游击队力量的不断强化，战争越来越残酷，双方与其说是在战斗，不如说是在彼此报复。墨索里尼再次组织起了一支新的黑衫军——他的这一计划让国防部长十分不满，他觉得这种"分而治之"的方式就是之前意大利失败的主要原因，墨索里尼直到今天都不愿意给他的将军任何实际的权力。对于这支黑衫军，德国人则是非常轻视，他们觉得这种武装的小分队没有什么决定性作用，此时使用恐怖主义战术，不过是让灭亡来得更快罢了。

不过，因为战争中游击战的性质越来越重，德国也开始使用恐怖手段，他们残忍地枪杀人质，拒绝给游击战士们战俘的待遇。墨索里尼对于德国的这些手段颇为满意，他觉得对于游击队的袭击进行报复，这正是最好的方式。

1945年的春天。对于盟军而言，这是一个久违的春天。盟军切断了法西斯的补给，德军在苏联战场已经无力补上空缺。法西斯势力只剩最后一口气了。

意大利战场上，北部地区的法西斯军尚有一点儿实力。盟军决定要将法西斯彻底消灭。

4月9日，盟军发起总攻。14日，捷报频传。希特勒和墨索里尼深知这已经是生死关头，于是他们下死命令，让德军意军拼死抵抗，一定要扛住。

20日，德军统帅罔顾希特勒的命令，下令撤退，他在对希特勒的解释中表示，他打算开始采用机动的战略。但是这个撤退依然来得太晚。

21日，意大利波伦亚光复。大批的德意军队成为俘虏。

反法西斯的力量风起云涌，乘着胜利的凯歌一路向前。而正当此世界欢庆之时，一个噩耗突然传来。4月12日，美国总统罗斯福病逝。罗斯福的死亡带来的震撼是巨大的。他是一个真正的巨人，他的倒下在世界荡起长久不绝的回音。反法西斯同盟对他进行了各种的吊唁。反之，法西斯阵营却将此视为一个机会，一个上天给他们的美好预兆。

原来，穷途末路的希特勒已经开始将希望放到星象图的预言上。星象图表明，4月下半月是他们的转折点。而此时，4月中旬，他们的转折点真的来了。希特勒心花怒放。

法西斯开始利用罗斯福之死捏造谎言。他们说罗斯福是因为战争的失败在极度的恼怒中死去的，他们营造出法西斯的有利形势，企图在前线造成慌乱。

听到这个消息的墨索里尼欣喜若狂，他现在觉得神又站在了他的一边。就好像胜利真的已经到来了一样，他与情妇畅怀痛饮，开起了庆祝会。

法西斯的这一切狂欢在盟军看来简直就像一出可笑的荒诞剧。他们叫不醒装睡之人，这些人的愚蠢已经彻底让他们堕落。无须失败的真正到来，此时的法西斯阵营已经被魔鬼控制了他们的灵魂，仿若一群行尸走肉般。

很快的，法西斯军发现，盟军的反攻丝毫没有减弱，甚至还在增强。4月25日，苏军包围柏林。当天，美军与苏军会师。德国被一切成为两半。在苏美联军的攻势下，纳粹的军队迅速地瓦解着。

柏林的解放指日可待，地狱之光已经在希特勒身后曳出长长的影子。

墨索里尼的幻想再次破灭。不断的失望折磨着他。除了希特勒本人，此时也没有任何人能相信，法西斯还会有胜利的一天——或许希特勒也只是在自欺欺人。

事实上，墨索里尼在败局里早已做起了准备。一直以来，他一方面应付着希特勒的利用，一方面试图与西方进行谈判。3月份，他曾派儿子小墨索里尼给米兰红衣大主教带去口信，表达自己投降的意图，并被要求写一份书面协议。3月中，小墨索里尼带着墨索里尼的谈判文件再次到达米兰，文件中表示，只要能挽救他的国家免遭共产主义蹂躏，专门审判法

第七章 魔王末日：暴尸街头，臭名昭著

西斯党员的罗马法庭不对曾向意大利法西斯共和国宣誓的人起诉，他愿意解散法西斯党。

这份文件发出后，直到4月11日，墨索里尼都没有得到任何他所希望得到的正面答复。反而，他接到来自梵蒂冈的信，信上表示，盟国已经拒绝了他的建议。墨索里尼万念俱灰。

这一时期的墨索里尼已经快要精神失常了。他决定破罐子破摔。

与家人告别后，他带着一支小车队，独身向米兰进发。

谈判进行得并不顺利。墨索里尼与游击队的三名代表互相表达了自己的意愿。游击队代表直言要求他投降。墨索里尼对此无可奈何，但他依然想要保持自己的身份，不想显得太过落魄。

他说道："我不是为此而来的！他们告诉我，我们在这里开会讨论条件。我是为了保护我的人，他们的家属和法西斯民兵。我应该知道他们将来的命运如何。我的政府成员的家属应该得到保护，可有人对我说，民兵将把他们作为战俘交给敌人。"

游击队员对此平和地回应，这些细节问题可以讨论，只要墨索里尼选择投降，一切都好说。

墨索里尼得到了他想要的许诺，当下，他决定和对方达成协议。

与他同来的意军总司令格拉齐亚尼提醒他，他们不能撇开德国人进行投降谈判，他们的义务和荣誉不能就此抛弃。

而游击队将军接下来的话狠狠地给了墨索里尼新的打击："前四天，我们同他们讨论了投降条件。我们已经就所有细节达成了协议，我们希望在某一时间签订一项条约。"

墨索里尼意识到，自己又一次被出卖了。他曾经还抱有的一丝幻想全部成为泡影，他知道，这一切终于彻底结束了。

4月27日，德军代表与盟军商定，29日驻意德军将与英美苏三国签订无条件投降书。

5月2日，意大利陆海空百万法西斯军队全部向盟军投降。

意大利战场上的战争全面终结。

即使战败，墨索里尼依然不愿意束手就擒，他害怕被送上绞刑架，或者成为展览品被人嘲笑。他决心去瑞士避难，或者去意大利北部山区打游击，不管怎么样，只要不被抓住，他可以承受一切。

第四节
暴尸街头，"正义，终于伸张了"

1945年初，一切已经逐渐明朗，墨索里尼也终于承认，不管怎么样，他的失败是已经注定了的。意大利无论如何都会沦为一个被奴役的国家，而它的主人会是美国还是英国对他而言也就不那么重要了。他甚至觉得，反倒是被苏联奴役更好。倒不是他的反共产主义思想有了改变，而是在与斯大林二十多年的斗争里，他逐渐发现了这些俄国人的强大之处，私下里也产生了一些敬佩之情。他认为，苏联找到了一条他没有发现的途径，他们了解怎么将一种单一的思想体系强加到别人身上，然后激发起群众的热情。他早已发现，共产主义的思想在法西斯意大利内部的时空越来越广阔，现在如果调查由谁来统治他们最好，可能有百分之九十五的人都会选择苏联。

当然，作为一个反复无常的政客，墨索里尼同时也在考虑着另外一种可能性。他希望可以在战争后期，从理论上劝说盟国，他们只有和法西斯结盟才有可能避免欧洲布尔什维克主义化——这可能是那群人现在最担心的。他希望意大利可以成为一个砝码，在英美间摆动，令英国重视他们的价值。

但这个想法在他并没有宣之于口,在很多场合中,他依然坚持英国人是他最大的敌人,而英国人对于墨索里尼也是痛恨入骨,恨不得能活剐之——这种痛恨对于墨索里尼来说简直如同赞美一般。

随着战事的不断推进,墨索里尼这些方案一个个都沦为笑话,显得越发不切实际。

墨索里尼一度扬言,他会战斗到最后一刻。即便国家毁灭,他也不会承认法西斯主义的失败。他甚至还利用所剩无几的部队,进行着最后的抵抗。

但私下里,墨索里尼对他的家人还有自己最后的出逃已经有了计划。他开始抛售他《意大利人民报》的办公楼与工厂,并且明确要求买主用瑞士法郎付款。

随着末日来临,墨索里尼开始精神崩溃,他越来越狂躁,智力也不断下降,他回首往事,开始觉得自己或许不应该那么贪得无厌,若他及早收敛,或许不会像如今这么落魄。

墨索里尼开始着手处理自己的"后事"。

他首先发电报给自己的妻子多娜·拉凯莱,他向妻子悔过了他一生中的错事。包括与他情妇的关系。因为这个情妇,他和他共患难的妻子就冷淡了下来,妻子被他气得发疯,发誓再也不原谅他。而他此时恳请她的原谅,请求她把安娜·玛丽娅和罗马诺这两个孩子带到瑞士,与她一起开始新的生活。他将丘吉尔的信留给她,希望在越过国境线,遇到麻烦的时候,这封信可以给她一线生机。

安排好一切,他说:"我现在是一个人了。我知道,一切都完了。真的完了。"

当夜,墨索里尼带着他的随从,住在格朗多拉小镇上,等待法西斯党书记亚历山德罗和其他的法西斯死党。随从之中,一个墨索里尼昔日情妇的美丽女儿向他建议，她骑自行车去探听一下死党们的消息。然而在他和那个女儿窃语之时，情妇贝塔西看到了他们状似亲密的场景，却醋劲儿大发，大喊大叫。见此场景，很多官员都摇着头不辞而别。在他们看来，这个领袖已经不值得他们跟随，他们不如早日各奔前程。

这种状况让墨索里尼有些焦躁。他决定不再等待，出发去瓦泰利内。在前去那里的路上，他们与党书记会合了。

这支失魂落魄的车队，很快被一组游击队员截获。

游击队的首领是一个名为贝利尼的青年，他的父亲在1944年被德国人抓走折磨而死，他的主要目的就是打击法西斯，光复意大利，为父报仇。

车队为首的是一个德国人，他用意大利语表明了自己的立场，说明自己无意和意大利人作战，对于车内的意大利人，随便贝利尼处置。因为游击队规模不大，贝利尼商量后决定让德国人接受下一站的检查，车里的意大利人全部由游击队处理。

在搜查车辆时，一名叫作拉扎罗的游击队员认出了墨索里尼，墨索里尼蜷缩在车里，不敢抬头，手中握着一杆冲锋枪，枪管正对着自己的胸膛。拉扎罗打量着这个崇拜过也恨过的"领袖"，慢慢地说道："我以意大利人民的名义逮捕你！"

看到这一幕的人群开始激愤地大骂，这个可恶的法西斯头子，终于落到了他们手中！

另一方面，墨索里尼的情妇伪装成西班牙领事，想要趁机逃走。当游击队员将这件事报告给拉扎罗时，警惕的拉扎罗表示，他要亲自去看看。

很快，从口音、证件上，他窥出了贝塔西的破绽，他当即下令，让游击队员逮捕贝塔西。

回到大厅里，拉扎罗检查被扣住的人们的公文包与皮包，他向墨索里尼伸手讨要他的皮包，墨索里尼无奈地指给他，压低声音郑重其事地说，那里边的东西，都是最重要的历史文件。

拉扎罗翻开皮包，仔细翻阅了那些文件。文件中包括 1943 年 7 月 25 日的政变中逮捕墨索里尼的人提起诉讼的材料，还有他要逃亡瑞士的计划书，以及大量的与希特勒的来往信件。

文件之外，还有 160 个金币，以及五张面额很大的支票。

拉扎罗没收了文件和财务，只将生活用品留给了墨索里尼。

为了保障墨索里尼不被法西斯救走，也不被愤怒的意大利人民打死，游击队决定将他转移。转移途中，贝利尼和墨索里尼对话，对他一生的罪行进行了强烈指责，而顽固不化的墨索里尼愤怒地斥责对方什么都不懂，他坚决不愿承认自己曾经有过残害意大利人民的罪行。

到达收押地点时，贝利尼对他说，你此刻是安全的，如果有什么需要，你可以提出。

墨索里尼表示，要他们向他的情妇贝塔西转达，他现在很好，让她不用担心。

贝塔西的名字是意大利人民众所熟知的，这个墨索里尼的情妇，早已是臭名昭著。即使在被关押的状况下，这个女人依旧放荡，甚至做出了淫荡放肆的姿态。

贝利尼平静地向贝塔西转达了墨索里尼的话，并对她说，墨索里尼眼下没有什么事。

贝塔西敏锐地抓住了"眼下"两个字，她悲切地明白，墨索里尼将陨灭在这里了。她向贝利尼求情，讲述自己与墨索里尼之间的感情，她如此情深意切地诉说着自己的真爱，希望贝利尼能让她再见墨索里尼一面。贝利尼拒绝了她，并且警告她，如果法西斯还打算救出墨索里尼，或许连她也会难逃一死。

与此同时，当地的游击队总指挥乔瓦尼接到了米兰总部的电报，让

法西斯狂徒 墨索里尼

墨索里尼被枪决

他们尽快把墨索里尼与其他法西斯分子带到米兰。

但是为了防止盟军方面把墨索里尼劫走,意大利游击队总部对盟军总部表示:"全国解放委员会深感遗憾,不能送交墨索里尼。他已由人民法庭判决,并在法西斯分子枪决15名爱国者的地方正法了。"

是的,这所有的一切,与德国人无关,与英国人、美国人、苏联人无关,这是意大利人与墨索里尼之间的仇恨,如今,它就要随着墨索里尼的处决一笔勾销了。

4月28日,墨索里尼和他的情妇及死党,被处以枪决。正义得到了最终的伸张,墨索里尼付出了他早该付出的代价。

当晚,墨索里尼和他的情妇及死党的尸体被运到米兰,被弃置在广场之上,翌日,这些尸体被倒吊起来,又被扔进水沟之中,终于见证罪人获罪的意大利人尽情地践踏着这些多年来带给他们痛苦与不安的罪人们。

劳动节当日,墨索里尼与情妇合葬于米兰的玛基欧尔公墓的贫民墓地里。

这个可耻的罪人终于成为罪恶的陈迹。

被倒吊在米兰洛雷托广场的墨索里尼尸体

第七章 魔王末日：暴尸街头，臭名昭著

独裁者的结局是悲哀的。如果用一句"恶有恶报"的老话作结，仿佛他的结局都是上天的安排，又似乎显得草率。我们追溯他的过往，也并不是为了赞美上天巧妙的布局。

老话说，事在人为。这看起来是一句祝愿，希望每一个有"为"者可以有"成"。但这同时也是一句谶语，它隐隐牵动着每一个人的过去未来，你所有的作为，都可能成为铺垫你未来所发生的"事"的一块垫脚之砖。

父亲的教育导致了墨索里尼少年孤僻的性格，而他的性格又为他埋下罪恶的种子。这种子在不得志和怀才不遇里成长，在他权力在握的那一刻，发出一枝新芽。然后鲜血与炮火成了它的食物，它不断茁壮，根系遍布意大利，然后将整个世界都笼罩在邪恶的阴影下。

可坏的终究会败坏，这株作恶不断的大树终于被伐倒了，它巨大的腐坏会成就一片肥沃的土壤，在这片土地上，也会有一些好的东西，在漫长的岁月里逐渐发生，意大利乃至世界都将以新的面貌出现。